La imaginación emblemática en el drama de Tirso de Molina

by

PABLO RESTREPO-GAUTIER

University of Victoria
Victoria, British Columbia
Canada

Juan de la Cuesta
Newark, Delaware

Cet ouvrage a été publié grâce à une subvention de la Fédération canadienne des sciences humaines et sociales, dont les fonds proviennent du Conseil de recherches en sciences humaines du Canada.

This book has been published with the help of a grant from the Humanities and Social Sciences Federation of Canada, using funds provided by the Social Sciences and Humanities Research Council of Canada.

www.JuandelaCuesta.com

MANUFACTURED IN THE UNITED STATES OF AMERICA

ISBN: 1-58871-003-3

La imaginación emblemática
en el drama de Tirso de Molina

Agradecimientos

Deseo expresar la más sincera gratitud a mis colegas y amigos Arsenio Pacheco-Ransanz e Isaac Rubio-Delgado por las fecundas conversaciones que contribuyeron a la elaboración de este libro.

ÍNDICE GENERAL

ÍNDICE DE ILUSTRACIONES

Introducción:
Tirso de Molina, el emblema
y el teatro

EL TEATRO DE TIRSO de Molina constituye un fascinante ejemplo de la adaptación del proceder emblemático a la escena. Efectivamente, los emblemas que hallamos en la obra tirsiana no sólo son abundantes y significativos, sino que, en algunas ocasiones, su relación con el teatro alcanza un carácter casi simbiótico, subrayando así hasta qué punto el pensamiento emblemático influyó en el modo de concebir la acción dramática. Por ejemplo, en *La elección por la virtud*, el cuadro escénico que forma Sixto con su padre a cuestas constituye la *pictura* de un emblema que expresa gráficamente el amor filial de Sixto, virtud que desempeñará un papel decisivo en el desarrollo del drama. En otro caso, en *La peña de Francia*, Simón Vela establece su actitud en contra del matrimonio cuando interpreta el significado de unos objetos a la manera de la emblemática más ortodoxa.

Tirso es, pues, partícipe de la moda de los emblemas, uno de los fenómenos culturales más peculiares de su época. En el siglo XVII los emblemas decoraban iglesias, palacios, y casas particulares, servían para componer sermones y tratados pedagógicos, y se coleccionaban en los famosos libros de emblemas. El componer emblemas se consideraba recreación propia de la sociedad culta:

otras recreaciones ay más propias de Señores y Príncipes, y más singulares para ellos, como la de inventar motes y empresas: y aunque este género de facultad y arte, ya hizieron libros copiosos muchos autores... con todo esso se podían inventar otras muchas de nuevo, y aún no ocuparían mal el tiempo los Señores y los Príncipes que se divirtiessen con esta relación... (Fray Alonso Remón, citado en Bravo-Villasante, XVI-XVII).

Mario Praz no duda en calificar el siglo XVII como la *centuria emblemática* ("Concept of the Emblem..." 729) y hay críticos que afirman que de los países europeos de aquel siglo emblemático quizás España gozara de la cultura más emblematizada de todos (Moffit 367).

Génesis y desarrollo del emblema.

El emblema, cuya forma más característica aparece en los libros de emblemas, no nace de la nada. Aunque el primer libro de emblemas, el *Emblematum liber* de Andrés Alciato, aparece en 1531, otras manifestaciones culturales de una naturaleza afín al emblema existían desde la Antigüedad.[1] El más antiguo ejemplo de un dibujo que se combina con un elemento verbal para ilustrar una verdad moral parece ser la tableta de Cebes, escrita y compuesta posiblemente por un pupilo de Sócrates en el siglo cuarto antes de Cristo. También existen vestigios de epigramas inscritos en los muros de una casa de Pompeya acompañados cada uno por una pintura. En la misma antigüedad clásica encontramos una de las principales fuentes del emblema: el epigrama griego. Son asimismo predecesores del emblema las figuras de la mitología clásica, la iconografía y los *exemplos* medievales, la heráldica y la empresa o divisa.[2]

---

[1]   Mario Praz, Peter Daly, Rosemary Freeman, E.N.S. Thompson, y Daniel S. Russell han escrito estudios seminales sobre el desarrollo de la emblemática fuera de la península ibérica. Para España, la excelente bibliografía de Pedro F. Campa y los estudios de Aquilino Sánchez Pérez, Philip Lloyd-Bostock y Santiago Sebastián constituyen un punto de partida para la comprensión del desarrollo del libro de emblemas peninsular.

[2]   Para la relación entre emblemas y heráldica, véase William S. Heckscher y Karl-August Wirth, "Emblem, Emblembuch," *Reallexikon zur Deustschen Kunstgeschichte* (Stuttgart, 1959), v, col 133; para el uso de la empresa en los torneos, véase *The English Tournament Imprese* de Alan R. Young.

El *Hieroglyphica* de Horapolo o Horos Apolo, un supuesto griego-egipcio del siglo II o IV d.C., desempeñó un papel decisivo en la génesis del emblema. El padre florentino Christoforo de Buondelmonti compró un ejemplar en traducción latina en la isla Andros en 1419 y lo llevó a Italia. El aparente hermetismo de los jeroglíficos de Horapolo dio alas a la imaginación de los humanistas del círculo de Marsilio Ficino, quienes consideraban los jeroglíficos egipcios, y por asociación los de Horapolo, como una escritura en código que permitía el acceso a la sabiduría secreta. Los intelectuales del siglo XVII heredaron esta apreciación de los jeroglíficos como lo confirma Luis Alfonso Carvallo:

> Las primeras letras que tuuieron los Egypcios, muy comun cosa es que fueron figuras, y señales, con que declarauan sus intenciones, como agora lo son las insignias, empressas, y emblemas. Y a estas figuras con que declaran sus doctrinas, y Theologias, llamauan Hierogliphicos, que es lo mismo q[ue] escrituras sagradas. (1:107; diál. primero, IX)

Investigaciones posteriores han demostrado que la concepción renacentista y barroca de los jeroglíficos es incorrecta. Los símbolos de la antigua escritura egipcia, aunque basados en imágenes, forman parte de un alfabeto fonético donde la palabra que la imagen representa indica la pronunciación del jeroglífico. A pesar de la errónea concepción renacentista del jeroglífico, el impacto del *Hieroglyphica* en los emblemas es indudable. La supuesta capacidad de los jeroglíficos de expresar ideas sin palabras por medio de figuras está a la base del proceso emblemático. Los primeros emblemas constituyen el intento de los humanistas de dar un equivalente renacentista a los jeroglíficos de Horapolo.[3]

La concepción cristiana del mundo como Libro de la Naturaleza en la cual la Creación es un sistema de significados codificado por Dios, también influye en la concepción del emblema. El concepto del

---

[3] Para un estudio más extenso sobre el vínculo entre los jeroglíficos y los emblemas referimos al lector al penetrante artículo de Daniel S. Russell "Emblems and Hieroglyphics: Some Observations on the Beginnings and the Nature of Emblematic Forms."

Libro de la Naturaleza se deriva de la obra de Ramón Sibiuda (¿?-1436), *Theologia Naturalis*. Según Sibiuda, las verdades divinas, expresadas por medio de las criaturas de la naturaleza, no pueden ser falsificadas y se expresan tan claramente que todo hombre tiene acceso a ellas.[4] La naturaleza es, pues, un lenguaje en código que expone consejos morales y que fue creado por Dios para beneficio de la humanidad. Según afirma el emblemista Juan de Horozco y Covarrubias en su "Libro primero" de los *Emblemas morales* (1589), no sólo la Creación Divina, sino la humana (la pintura) comparte esta capacidad comunicativa:

> Como las cosas todas representando ansi la virtud Diuina que en ellas resplandece nos lleuan a la consideracion del Autor del vniuerso, y en esto recrean el alma, assi la pintura de las mismas cosas en la razon de semejança, tambien nos lleua y recrea, demanera que algunas vezes lo que es natural no dà tanto contento, como lo que se vee con propiedad imitado (17r; lib. 1, cap. I).

Todas estas influencias convergen en los emblemas de los siglos XVI y XVII. El primer libro de emblemas propiamente dicho es el *Emblematum liber* del humanista y jurista italiano Andrés Alciato, publicado en Ausburgo en 1531. El libro de Alciato se tradujo sin tardanza alguna a otros idiomas: al francés en 1536 y al alemán en 1542. Al español se tradujo con un poco de retraso por Bernardino Daza Pinciano para ser publicado en el año de 1549. El libro se publica en Lyons bajo el título de *Los emblemas de Alciato traducidos en rhimas españolas*. Fuera de las reediciones de los siglos XVI y XVII se publican en España varios comentarios sobre el *Emblematum Liber*. Los más importantes son el de Francisco Sánchez de las Brozas, El Brocense, *Franciscii Santi Brocensis comment. in And. Alciati Emblemata* (Lugduni, 1573), escrito en latín, y el de Diego López de Valencia, *Declaración magistral sobre los Emblemas de Andrés*

---

[4] Para más información, remitimos al lector a la *Historia crítica del pensamiento español*, tomo primero, (307-12), de José Luis Abellán.

Alciato con todas las Historias, Antigüedades y Doctrinas tocantes a las buenas costumbres (Nájera, 1615), escrito en castellano.

El apogeo de la emblemática española se sitúa entre 1570 y 1700, época en que se publican más de cien ediciones y reediciones de libros de emblemas de autores españoles.[5] El primer libro de emblemas de autor español es *Humani generis amatori deo liberalissimo sac. divina...* de Benito Arias Montano, publicado en Amberes en 1573, que contiene cincuenta composiciones emblemáticas seguidas de dísticos latinos con traducciones en francés.[6] El mismo autor publica en 1573, en Amberes, un libro de tipo emblemático intitulado *David, hoc est, virtutis execitatissimae probata*. Sin embargo, la distinción de ser el primer autor de un libro de emblemas en lengua castellana corresponde a Juan de Borja, cuyo libro *Empresas Morales* se publica en Praga en 1581. El libro contiene 224 emblemas con lemas en latín y comentarios en prosa castellana.

Los últimos libros de emblemas escritos en castellano durante el período de apogeo del género son la *Idea del Buen Pastor*, de Francisco Núñez de Cepeda, publicado en León en 1682; *Ver, oír, leer, gustar, tocar; Empresas* del mismo autor (Lyon, 1686); *Noticias fúnebres* de Francisco Antonio de Montalbo (Palermo, 1689); y *Ocios morales* de Lucio Espinosa y Malo (Mazzarino, 1691).[7] La publicación del libro de Espinosa y Malo en 1691 no marca la muerte de la moda de los libros de emblemas en la península, pero el libro sí se puede considerar como la última colección de emblemas originales del siglo XVII en España. Las casas editoriales continuaron publicando reediciones de los libros de emblemas, como las *Empresas políticas* de Saavedra Fajardo—cuya última edición del siglo data de 1695—, o la traducción de *El espejo de la muerte*, del italiano Carlos Bundeto publicada en

---

[5] Llegamos a este número basándonos en la bibliografía de Campa. Hay que notar que según la idea del emblema de cada crítico se puede llegar a números muy distintos a éste pues muchas de las ediciones consideradas por Campa pueden ser dudosas como libros de emblemas para otros críticos.

[6] Gállego considera este libro como una colección de estampas y no como un libro de emblemas (80). Veáse además Campa (109).

[7] Los tres últimos libros pueden considerarse casos dudosos como libros de emblemas, pero comparten las características de los mismos en tanto que combinan imágenes y palabras.

1700. El comienzo de siglo XVIII marca el fin del apogeo de los libros de emblemas aunque todavía habrá ediciones esporádicas como la de los *Doce symbolos de la eternidad* de Juan de Santiago en 1764.[8]

El desarrollo de los libros de emblemas se caracteriza por una evolución hacia un tono moralizador. Los libros de tipo emblemático españoles anteriores a 1570 como *Norte de ydiotas* y *Triumphos morales* manifiestan las preocupaciones morales que caracterizarían más tarde a la mayoría de los libros de emblemas peninsulares. De hecho, a medida que el Barroco se establece, los libros de emblemas evolucionan hacia un tono más autoritario, tanto dentro como fuera de la península ibérica.[9]

El desarrollo del tono moralizador en España se manifiesta en las diferencias entre los comentarios del *Emblematum liber* del Brocense (1573) y los de Diego López, publicados unos cuarenta años más tarde en 1615. La obra del Brocense corresponde al humanismo de los primeros libros de emblemas. Por otro lado, Diego López publica su libro en el siglo XVII cuando la emblemática, no sólo en España sino en toda Europa, desarrolla tendencias moralizadoras.[10] Los tratados

---

[8] Entre el libro de Borja y el de Núñez Cepeda se publicaron muchos otros. Los más importantes son: *Emblemas morales* (1581), de Juan de Horozco y Covarrubias; *Emblemas moralizadas* (1599), de Hernando de Soto; *Emblemas morales* (1610), de Sebastián de Covarrubias Orozco; *Empresas espirituales y morales* (1613), de Juan Francisco de Villalba; *Idea de un Principe Politico Christiano, Representada en cien Empresas* (1640), de Diego de Saavedra y Fajardo; y *Emblemata* (1651), de Juan de Solórzano y Pereira, escrito en latín, y publicado en traducción española en 1658.

[9] Según Clements la producción de libros de emblemas se divide en dos períodos, de 1560 a 1610 aproximadamente, y de 1610 hasta la decadencia de los libros de emblemas:

A well-balanced humanism dominated most of the emblem books from the generation of Sambucus to that of Van Veen. Thence the evolution continued and the emblem book became either a vehicle of the Jesuits, Puritans, Benedictines, or other religious groups... or else a pleasant and trivial plaything... which lost all touch with the sustaining force of antiquity. (Clements 22)

[10] Véase Sánchez 68.

teóricos confirman el objetivo didáctico-moral de los libros de emblemas. Juan de Horozco y Covarrubias, obispo de Guádix, declara en su prólogo que "serà bien empleado el trabajo que de mi parte se huviere puesto en el presente libro juntando algunas reglas y avisos morales para el comun provecho de todos..." (5v; lib. 1, Prólogo). Hernando de Soto, uno de los pocos emblemistas laicos españoles, menciona por su parte que "ningun libro ay, por malo que sea, de q[ue] no se pueda sacar algo de provecho" ("Prólogo").

A partir de 1570, el tono moralizador predomina en la emblemática española. En España, más que en el resto de Europa, los libros de emblemas siguieron la senda de un didacticismo moralizador al servicio del Imperio y de la Iglesia. La influencia de la Contrarreforma y del Concilio de Trento, más acentuada en la península que en otras partes de Europa, el desengaño barroco y las ambiciones imperiales de España contribuyen a la intensificación de esta tendencia. En un momento de crisis en que pueden darse lado a lado críticas y alabanzas al sistema, el emblema, al contrario de géneros como la picaresca, que proponen una nueva visión del mundo, sale a la defensa del sistema para convertirse en España en uno de los bastiones del orden y de los valores tradicionales. Es casi un último intento de aferrarse a un sistema de valores que estaba destinado a desaparecer.

A medida que los libros de emblemas se hacen más moralizadores pierden, aunque no totalmente, la oscuridad y agudeza que pudieran haber tenido en un comienzo por imitación de los jeroglíficos de Horapolo. Tal evolución se explica al tener en cuenta que los emblemas se convirtieron en herramientas de propaganda para indoctrinar a un público amplio. El objetivo era presentar sin excesiva dificultad enseñanzas que hicieran pensar al lector por medio de un grabado y de un lema y que mantuvieran, a la vez, su interés. Como resultado de la evolución del género hacia unos fines propagandísticos, se empezaron a escribir emblemas en los idiomas vernáculos para facilitar su lectura, incluyendo de vez en cuando hasta los motes que según la emblemática ortodoxa deberían ser en un idioma ajeno al lector para aumentar la dificultad del emblema. Sin embargo, quedan rastros de la naturaleza enigmática del emblema, y aun en los emblemas más indoctrinadores se esperaba que los lectores leyeran el grabado y el lema de manera crítica y activa, para descifrar su significado antes de buscar la ayuda del epigrama explicativo.[11]

Dado el carácter moralizador de tantos libros de emblemas, la ambigüedad semántica del emblema encierra un problema didáctico: el lector puede derivar varios significados de una sola imagen. De ahí el esfuerzo de los emblemistas españoles por comunicar un significado unívoco. La inserción de una explicación en prosa en la estructura del emblema es un intento de cancelar la ambigüedad semántica de la imagen: la explicación en prosa ayuda a las otras partes del emblema a señalar cuál de los significados de la imagen es el deseado dentro de un emblema específico. Sin embargo, el emblemista no tiene ningún control sobre las conexiones intertextuales que la imagen pueda producir en la mente del lector antes y después de que éste procese los elementos textuales.

A nivel formal se nota en el desarrollo del emblema un movimiento general desde una etapa inicial en que la imagen y la palabra no se consideran como una unidad inseparable hasta una etapa final en que ambas se funden para formar un todo indivisible. La génesis del primer libro de emblemas no se debe exclusivamente a Alciato sino que fue una labor de equipo cuyo resultado final se dio casi por accidente. Alciato recoge una serie de epigramas de la *Antología* del monje griego Máximo Planudes, publicada en el siglo XIV, y agrega otros de Teócrito, Gellio y Plinio. Alciato entrega el manuscrito al consejero imperial Peutinger, quien lo lleva al impresor Steyner. Steyner decide que una serie de grabados sería ideal para ilustrar los epigramas, y encarga la misma al grabador Breuil.[12] El resultado es la forma emblemática—*inscriptio, pictura* y *subscriptio*—que seguirían tantos otros emblemistas.

Daniel S. Russell sitúa la transición entre las dos etapas de la evolución del emblema en Francia hacia el tercer cuarto del siglo XVI (*The Emblem and Device* 83). A finales del siglo XVI, los emblemistas y tratadistas españoles también parecen dirigirse en la misma

---

[11] Afirma acertadamente Dawn Smith que una de las características del emblema es el reto que ofrece al lector de utilizar su ingenio para descifrar el emblema ("Tirso's Use..." 75). Como veremos esta característica del emblema se conserva en su expresión dramática.

[12] Véase Sánchez, 14.

PRVDENTES.
EMBLEMA 18.

Iane bifrons, qui iam tranfaEta, futuraque calles,
Quique retro fannas, ficut & ante vides:
Te tot cur oculis, cur fingunt vultibus? an quod
Circumfpectum hominem forma fuiffe docet.

ILUSTRACIÓN 1. Ejemplo del *emblema triplex*. Emblema 18 de Andrés Alciato en *Declaración magistral sobre las emblemas de Alciato* de Diego López, ed. John Horden, (Menston, G.B.: Scolar Press, 1973).

dirección que sus colegas franceses. En 1589, Juan de Horozco y Covarrubias afirma que el emblema ideal está compuesto de figuras y letras, "y esto es, porque la emblema quanto más guardare las propiedades de la empresa tanto será mejor según yo entiendo y juzgara qualquiera" (64v; lib. 1, cap. 18).

La publicación del libro de Alciato encontró las condiciones apropiadas para que el público aceptara gradualmente la mezcla de imagen y palabra, y sentó la pauta para que el género se desarrollara en esta dirección. El hecho de que Steyner hubiera reconocido que unos grabados eran el complemento lógico de los proverbios y que ordenara imprimirlos juntos, indica que la mentalidad del siglo XVI estaba preparada para aceptar la combinación pictórico-verbal.

Para entender el emblema barroco español hay que considerarlo para comenzar tal y como apareció en el libro de Alciato y en sus más importantes secuelas en España. Aunque los emblemas se manifestaron en otros medios como la arquitectura y la pintura, los libros de Alciato y de sus sucesores crearon las formas específicas que fueron el modelo para la creación emblemática y que permiten identificar sus características. La forma de los emblemas del libro de Alciato es uniforme: la *inscriptio* (lema o mote), inscrita en la parte superior del grabado; la *pictura* o grabado que incluye objetos de la naturaleza, objetos manufacturados, seres mitológicos o legendarios; y la *subscriptio* o epigrama en verso que se coloca por debajo y por fuera del marco del grabado. Cualquiera de los emblemas de Alciato ilustra este tipo de emblema básico, al cual llamaremos *emblema triplex* siguiendo la nomenclatura de Aurora Egido.[13] El emblema 18 (ilus. 1) del emblemista italiano es un excelente ejemplo del *emblema triplex*: la *pictura* (el rostro bifronte del dios romano Jano) va acompañada por la *inscriptio* ("Prvdentes") en la parte superior, y por la *subscriptio* en la parte inferior.

Los principales libros de emblemas españoles contienen diversas variantes de este emblema *triplex*. Una excepción parecen ser los emblemas de Cristóbal Pérez de Herrera quien utiliza la forma *triplex* pura para los nueve emblemas de su libro *Amparo de pobres* (1598),

---

[13] Veáse el prólogo de Aurora Egido a la edición española de Santiago Sebastián del libro de Alciato (9).

y para trece de los *Proverbios Morales y Consejos* (1618). Con mayor frecuencia en España se le añade a la estructura *triplex* un comentario en prosa de una o más páginas colocado después de la *subscriptio*. Ejemplos de esta variante se encuentran en los *Emblemas morales* (Madrid 1610) de Sebastián de Covarrubias Orozco, en el libro del mismo título de su hermano Juan Horozco y Covarrubias (Segovia 1589), en *Emblemas moralizadas* (Madrid 1599) de Hernando de Soto, en las *Empresas espirituales y morales* (Baeza 1613) de Juan Francisco de Villalba, y en *Emblemata* (1561) de Juan de Solórzano y Pereyra.[14] En los *Emblemas morales* de Juan de Horozco y Covarrubias todos los emblemas incluyen un comentario en prosa, con ocasionales omisiones de la *inscriptio*. El resultado es una variante que no corresponde al emblema *triplex*: *pictura* y *subscriptio* con o sin *inscriptio*, pero siempre con un comentario en prosa adicional.

Otra variante del emblema *triplex* se encuentra en *Empresas políticas* (Mónaco 1640) de Diego Saavedra y Fajardo, en *Empresas morales* (Praga 1581) de Juan de Borja, y en *Idea de el Buen Pastor* (León 1682) de Francisco Núñez de Cepeda. Estos autores conservan una estructura tripartita pero reemplazan la *subscriptio* en verso por un comentario en prosa que en Borja consta de una sola página, y que en Saavedra y Fajardo y en Núñez de Cepeda se extiende a capítulos enteros.

El libro de Sor Juana Inés de la Cruz, *Neptuno alegórico*, contiene ejemplos de una variante del emblema *triplex* que la crítica moderna ha bautizado *emblema desnudo*, en donde en lugar del grabado se presenta una descripción verbal. Sor Juana describe los emblemas inscritos en el arco erigido en la entrada de la ciudad de Méjico para dar la bienvenida al nuevo virrey, los cuales sí consistían en *inscriptio, pictura* y *subscriptio*.

La variedad de formas del emblema en la península, también presente en el resto de Europa, demuestra que los emblemistas no se sintieron atados a la forma propuesta en el *Emblematum liber* de Alciato y que experimentaron con variantes que juzgaban apropiadas

---

[14]   Véase la edición castellana editada por Jesús María González de Zárate, *Emblemas Regio-Políticos* de Juan de Solórzano (Madrid: Ediciones Tuero, 1987).

para sus fines. Al mismo tiempo, nunca se aventuraron demasiado lejos del modelo alciatiano. Esta unidad dentro de la variedad preserva la característica esencial del emblema: la presentación de ideas a través de un medio híbrido de palabra e imagen. La naturaleza maleable del emblema es precisamente uno de los elementos responsables en gran medida de la popularidad y la adaptabilidad del género. Su flexibilidad la permite, en parte, la novedad del emblema, género que no definieron o limitaron los tratados de la antigüedad greco-latina, como lo expresa Juan de Borja al dirigirse al lector en su libro *Empresas morales*:

> Avnqve las leyes que han publicado algunos nueuos auctores de la manera de hazerlas empressas, son tan rigurosas como las han querido hazer añadiendo vnos y quitando otros a su beneplacito, no por esto me parescio que obligauan a la obseruancia de ellas si no en quanto lleuan raçon, por no ser ni la auctoridad ni antigue-dad de los auctores tanta que dexarlos de seguir importe mucho, pues ni aun los mismos legisladores en las empressas que han hecho han guardado sus leyes con el rigor que las han escrito. (101v; al lector)[15]

La emblemática es un género cuya forma, como la de la novela, se crea en la práctica a medida que se publican nuevos textos, y que no se puede apoyar en las autoridades clásicas para justificar su forma y sus reglas. Como la novela, el género se adapta a diversos fines: enseñanza política, religiosa o moral, elogios, elegías y, fuera de la península, hasta recetas alquímicas.

---

[15] Borja utiliza la voz *empresa*, que era a menudo intercambiable con el término *emblema*. William Heckscher y Agnes Sherman señalan que de mil títulos de libros de emblemas, sólo una cuarta parte utiliza el término *emblema*, mientras que 728 utilizan otras voces (1). Por ejemplo, Cristóbal Suárez de Figueroa en la *Plaza universal de todas ciencias y artes* (Perpiñán, 1630) se refiere a "símbolos, o emblemas" (56v; disc. IX), y Luis Alfonso Carvallo en su *Cisne de Apolo* (1602) declara que "(se) llaman también giroglíficos..." (2:90; diál. tercero, XIX). En el *Tesoro de la lengua*, Sebastián de Covarrubias comenta: "Este nombre se suele confundir con el de símbolo, hieroglífico, pegma, empresa, insignia, enigma, etc" (506).

El emblema es más que una forma y su flexibilidad, clave de su éxito, depende tanto de su variedad formal como del mecanismo o pensamiento emblemático. La definición del emblema ha sido fuente de no pocas disputas y, aunque los aspectos formales resulten iluminadores, algunos investigadores como Russell rechazan las definiciones formales.[16] Russell sugiere que sería más productivo considerar el emblema como hábito mental, como una combinación de un texto discursivo con un código pseudo-ideogramático de naturaleza no lingüística (*The Emblem and Device* 64). El proceso emblemático, según Russell, consiste en la fragmentación de sistemas de signos tradicionales o de obras alegóricas conocidas y la subsecuente recombinación de los elementos fragmentados en unidades significantes nuevas y sorprendentes (*The Emblem and Device* 64). Cualquier lector de libros de emblemas reconocería tal procedimiento. Por ejemplo, el motivo del olmo y la vid, tradicional símbolo de unión marital, llega a significar, por hibridación con otros motivos y sus significados, cualquier otro tipo de unión desde la amistad hasta las relaciones sexuales con prostitutas.

El modelo de Russell es apto para explicar el emblema y no les resultaría extraño a los teóricos barrocos. Baltasar Gracián en su *Agudeza y arte de ingenio* (1642) presenta una teoría del concepto que tiene sus paralelos con la teoría del emblema de Russell y que sirve para entender el emblema como proceso mental. Gracián, de manera algo contradictoria, parece considerar el emblema a la vez como un tipo de concepto y como una forma que puede incluir otros tipos de conceptos. Aunque Gracián discute y define el emblema como parte de la agudeza compuesta fingida, también utiliza emblemas para ilustrar otros tipos de agudeza, y cita ejemplos del "prudente y no menos ingenioso Alciato," a quien considera "el primero hasta hoy en este modo de composición " (*Agudeza*, 1:91; disc. VI).[17]

---

[16] Véanse también Daly (*Literature* 51) y Freeman (9-36).

[17] Cita Gracián emblemas de Alciato en los siguientes discursos de la *Agudeza*: VI, VIII, XI, XII, XIII, XIV, XVII, XVIII, XIX, XX, XXI, XXIII, XXVII, XVIII, XXIX, XXXV, XXXVI, XL, XLVIII, LIX. Menciona a Alciato sin citarlo en el discurso LV. Remitimos al lector al estudio de Karl Ludwig Selig sobre Gracián y los emblemas de Alciato.

Gracián señala que el concepto presenta dificultades de definición: "Es este ser uno de aquellos que son más conocidos a bulto, y menos a precisión, déjase percibir, pero no definir" (*Agudeza* 1:51; disc. II). Este comentario sobre el concepto se puede aplicar al emblema, puesto que éste es también de difícil definición.[18]

La clave para entender la *Agudeza* de Gracián es considerar el concepto como un acto del intelecto distinto de los recursos retóricos que son ayudas técnicas. Para Gracián el concepto "[c]onsiste... en una primorosa concordancia, en una armónica correlación entre dos o tres cognoscibles extremos, expresado por un acto del entendimiento" (*Agudeza* 1:55; disc. II), o "es un acto del entendimiento, que exprime la correspondencia que se halla entre los objetos" (*Agudeza*, 1:55; disc. II).

Siguiendo la definición del concepto de Gracián, el emblema es, pues, un híbrido de palabra e imagen que supone un proceso mental connotativo, agudo, activo, y crítico—un *acto del entendimiento*—donde los objetos (los *figurantes* de Gracián) apuntan a significados abstractos (los *figurados*). Para que un elemento verbal se convierta en emblema es necesario proyectar una imagen para que el lector pueda visualizarla de forma gráfica. La emblemática tiende a constituirse en un lenguaje visual, que pretende ser accesible a todos, donde los elementos visuales y los verbales, siempre interconectados, pueden aparecer de manera explícita o implícita en la composición. Unos versos pueden contener la imagen, y un grabado puede implicar un significado

El sistema de signos del que los emblemas forman parte es el resultado de un largo proceso de modificación de la mitología grecorromana. Las moralizaciones y las vulgarizaciones medievales resultan de una manipulación de esta mitología que la ajusta a las exigencias

---

[18] La discusión sobre la definición del emblema aparece en los siglos XVI y XVII con comentarios que se encuentran en las obras del Padre Menestrier, Luis Alfonso de Carvallo, los hermanos Covarrubias, López Pinciano, Cristóbal Suárez de Figueroa, y Gracián mismo entre otros. Para la definición del emblema, véanse Bouzy, Cavell, Daly, Freeman, Innocenti, Praz, Russell, Sánchez Pérez, y Thompson. Para la disputa sobre la definición del concepto, remitimos al lector a los artículos de Balnco, Grady, Hunsaker, May, y Parker.

de la cosmovisión medieval. A la vez, los personajes mitológicos se sacan de la secuencia narrativa en que estaban inscritos originalmente para convertirlos en figuras alegóricas rodeadas de comentarios interpretativos. Más tarde, los humanistas renacentistas vuelven a interpretar la tradición greco-romana con mayor independencia de preocupaciones cristianas.[19] Los emblemas aparecen en este momento y son el resultado de la fragmentación del sistema alegórico medieval que se mezcla con los jeroglíficos de Horapolo y con la tradición humanística renacentista en general.

El pensamiento alegórico resurge, pues, en la España de los siglos XVI y XVII, dirigiéndose, en una vuelta a la Edad Media, hacia cuestiones morales o doctrinales como lo evidencia la popularidad del auto sacramental. Con renovado ímpetu, los objetos y las criaturas de la naturaleza, como también las figuras de la antigüedad clásica, representan abstracciones morales. La diferencia con la Edad Media es que, por la influencia del antropocentrismo renacentista y del naciente perspectivismo, la verdad absoluta de este sistema de signos pierde su valor monolítico. En la concepción medieval cristiana del mundo, un símbolo tenía uno o varios significados determinados. A finales del siglo XVI y durante el XVII, tal relación entre significado abstracto y objeto ya podía ser cuestionada y combinada de maneras novedosas y sorprendentes—como en los conceptos de Gracián—, y por esto el emblemista español siente la necesidad de guiar al lector hacia el significado de su emblema que considera correcto. El modo de pensar emblemático corresponde, pues, a la inserción del pensamiento alegórico medieval en un momento de cambio y de crisis de la cosmovisión occidental.

Emblema y literatura.

No son pocos los críticos que han descubierto la presencia de elementos emblemáticos en obras literarias. Aurora Egido afirma que "el sistema emblemático puede aparecer en títulos, portadas o libros enteros, en novelas y en obras teatrales, pues no en vano el teatro es

---

[19] Para más información sobre el proceso de formación de los sistemas de signos de los emblemas, veáse Russell, *The Emblem and Device* 164-173. Para la evolución de la mitología clásica, véase *The Survival of the Pagan Gods* de Jean Seznec.

la forma emblemática por excelencia, al combinar generosamente la literatura con las artes plásticas" ("Prólogo" 13). Peter Daly también considera el teatro como la forma literaria emblemática por excelencia durante los siglos XVI y XVII (*Literature* 134), y José Antonio Maravall propone la existencia de un vínculo entre los libros de emblemas y el teatro de la época:

> uno y otro género, en la medida en que dependen de las condiciones históricas de una época, ofrecen características comunes. En la medida también en que ambos, dentro del marco de una misma cultura, son utilizados como instrumentos ajustados a los fines de aplicación que aquélla persigue, quiere decirse que presentan aspectos que los aproximan entre sí. ("La literatura emblemática..." 149)

Los estudios que se han hecho sobre el emblema y la literatura se pueden clasificar así: los estudios de fuentes; los estudios de intertextualidad; los estudios de técnica emblemática; y los estudios de la respuesta del lector.

Los estudios de fuentes, fruto del historicismo decimonónico, fueron la primera modalidad con que se acercó la crítica a la relación emblema/teatro. Se concentran en el papel de los libros de emblemas como inspiración y presuponen que el dramaturgo leería emblemas para usarlos de manera consciente en la composición de sus obras de teatro.[20] Desafortunadamente, las relaciones de fuente son difíciles de probar excepto en el caso de algunos dramaturgos barrocos alemanes que hicieron extenso uso de ciertos libros de emblemas y que los citaron en las márgenes de los manuscritos de sus obras de teatro.[21]

La introducción del concepto de intertextualidad en los estudios de emblemática liberó al crítico de las cadenas de la búsqueda de fuentes al dejar a un lado la importancia del autor como agente y al estudiar las relaciones entre textos. Una amplísima concepción de influencia, que incluye no sólo textos literarios, sino la cultura

---

[20] Véase el estudio seminal de Henry Green y los estudios posteriores de Warren T. McCready, Heitor Martins, Duncan W. Moir, Mario Praza (*Studies...*), y Ángel Valbuena-Briones.
[21] Véase Dieter Mehl (43).

popular y las tradiciones orales, también ha abierto nuevos horizontes en el estudio del emblema en la literatura. Los estudios de intertextualidad se concentran en la búsqueda de relaciones entre los libros de emblemas, las obras dramáticas, y a veces, otras obras literarias, para enriquecer la interpretación de las obras teatrales. Estos estudios se acercan a una concepción de intertextualidad que considera las obras literarias como una intersección de textos en la que la intencionalidad del autor es irrelevante puesto que las imágenes pasan de un texto a otro sin necesidad de que el autor piense en fuentes específicas.[22] Aunque los críticos pueden atravesar el límite entre intertextualidad e influencia para asignar fuentes cuando sea necesario, la búsqueda de fuentes no es su preocupación principal y se realiza con escepticismo.[23]

La técnica emblemática puede también servir de punto de partida para iluminar la obra teatral. A diferencia de los estudios de fuentes y de intertextualidad, algunos estudios tratan de esclarecer cómo se adapta la técnica emblemática a textos literarios antes de usar los emblemas como ayudas de interpretación. La técnica emblemática se manifiesta de dos maneras: como forma y como hábito del pensamiento. Algunos estudios de crítica dramática exploran la manera en que los elementos puramente teatrales contribuyen a incorporar la forma del emblema en el drama y la manera en que la estructura del emblema se adapta al teatro. A la vez, se explora el papel de la técnica emblemática dentro de la obra literaria como productora de significado, teniendo en cuenta la naturaleza híbrida pictórico-verbal del emblema.[24]

---

[22] Véase por ejemplo a Jay Clayton y Eric Rothstein quienes explican que el concepto de intertextualidad se utiliza de dos maneras: "One may see intertextuality either as an enlargement of a familiar idea (influence) or as an entire new concept to replace the outmoded notion of influence" (3).

[23] Véanse los estudios de Allan Soons, Robert A. Lauer, John T. Cull, Marisa C. Álvarez, y Frederick A. de Armas ("'A King is He...'").

[24] Véanse los estudios de Mehl Dieter, Bruce Golden, Jaqueline Cruz, Frederick E. Danker, Francisco Maldonado de Guevara, Heitor Martins, Héctor Cioccini, Dawn Smith, Helga Bauer, Peter Daly (*Literature...*), Claire Preston, George Mariscal, y Jerome Schwartz.

Si se considera el emblema como modo de pensar, es fácil entender por qué algunos críticos se han interesado en la recepción de éste por parte del lector/espectador. El uso de una estructura mental por parte del autor tenía la finalidad de que el receptor la reconociera y la incorporara en sus estrategias de interpretación. El carácter pictórico-visual del emblema y la bien desarrollada capacidad de visualización del público teatral también se prestan para un estudio desde el punto de vista de la recepción.[25]

Al considerar el teatro en función del emblema, sorprende la capacidad proteica del emblema de pasar de la página impresa de los libros de emblemas al texto y a la representación teatrales. La naturaleza pictórica y visual del emblema y del teatro explica la riqueza de la teatralización de la forma libresca pura del emblema. A esta teatralización contribuyen tanto la flexibilidad inherente de la forma emblemática como también los elementos puramente teatrales (el gesto, la utilería, el movimiento, el ritmo, el espacio y la duración).

El paso de la forma emblemática de un medio estático (la página impresa) a un medio dinámico (la acción teatral) desencadena un proceso que afecta o puede afectar a la esencia misma de la imagen emblemática. Por ejemplo, la naturaleza estática del emblema presenta un obstáculo de adaptación al carácter esencialmente dinámico de la acción teatral. Una fusión perfecta entre teatro y emblema es, por lo tanto, improbable, puesto que, en un contexto dinámico, el emblema tenderá siempre a mantener su naturaleza estática; esta tensión entre emblema y teatro produce una amplia gama de resultados. En semejante contexto podrá suceder, pues, que por unos contados instantes la forma teatralizada del emblema deje de ser teatro para hablar al público de manera directa y como emblema puro; o que, al hacerse teatro, la forma emblemática se transforme sutilmente y en tal modo que, aunque no reconocible como emblema a primera vista, evidencie su verdadera naturaleza a través de vínculos intertextuales.

¿Cómo teatraliza, pues, el emblema Tirso de Molina? ¿cuál es la contribución del emblema al sentido de la obra teatral? A tales

---

[25] Para estudios de este tipo véase John T. Cull, George Mariscal, Elen Lokos, Jerome Schwartz, y especialmente Daniel Russell.

cuestiones caben dos respuestas extremas: el emblema aparece en el teatro como un simple adorno que podría desecharse sin que ello afectara el sentido general de la obra; o, como ilustraremos en nuestra discusión, el emblema adquiere en el contexto de la acción teatral un valor realmente funcional como código de carácter pictórico-verbal, contribuyendo así al sentido global de la obra.

La tendencia didáctica y moralizadora del emblema barroco español permite suponer que su presencia en el teatro ayudaría efectivamente a contribuir al sentido moral de las obras. Esta circunstancia autorizaría a conceder al emblema un valor interpretativo ya sea a nivel global de la obra dramática o a niveles más restringidos que, no obstante, contribuirían a la interpretación global cuando se consideraran en conjunción con el resto de los elementos teatrales en cuyo contexto se enmarque el emblema. La capacidad del emblema para dirigir la atención del público en una dirección determinada (moral, ética, ideológica) podrá o no tener éxito constante, pero ciertamente define el valor incuestionable del emblema como guía interpretativa en el contexto de la acción dramática.

El papel interpretativo del emblema no tiene por qué restringirse al nivel ideológico, sino que también puede cumplir funciones puramente dramáticas. Por ejemplo, cuando carece el dramaturgo de tiempo para pormenorizadas caracterizaciones, ¿no podría acaso el emblema sugerir los rasgos principales de un personaje y sus intenciones, desarrollar la acción o plantear el conflicto de la obra por medio de una simple pero sugestiva imagen? La función dramática puede aparecer en estado puro, pero es más probable que se mezcle con elementos ideológicos. De esta manera, la caracterización de un personaje o la sugestión de una acción por medio de un emblema puede indicar una moralización, una clave para el desarrollo de la trama, o un juicio ético sobre la naturaleza global de la obra dramática.

Aparte de cuestiones ideológicas y de adaptación de la forma emblemática al teatro, quizás la adopción del modo de pensar emblemático por Tirso en su obra sea el aspecto más significativo de la relación entre el emblema y el teatro. No sólo adopta Tirso el procedimiento de ruptura y recombinación de sistemas de signos sino que también participa del desarrollo emblemático de ciertas imágenes como la del olmo y la vid. En otras palabras, al utilizar el emblema en el teatro, Tirso se convierte en emblemista.

El éxito del emblema en su función de guía interpretativa dependería del grado de familiaridad que pudiera tener el público con el emblema. Entendido como código o forma de comunicación, no se trata solamente de que el público conociera tal o cual emblema de Juan de Horozco y Covarrubias o de Hernando de Soto, sino de que estuviera acostumbrado al modo de pensar del cual el emblema deriva su poder de herramienta comunicativa. El emblema adoptó y explotó la popularidad de formas de pensar como la alegoría que derivaban automáticamente conclusiones morales de ciertas representaciones gráficas. El emblema se apoyaba en la fuerza sugestiva de unos elementos visuales que facilitaban el salto de un objeto concreto a un significado abstracto. Permitía, por decirlo así, pensar con el ojo. La sola aparición de ciertas imágenes que suponían unos determinados significados creaba en el público expectativas previsibles. El emblema, fiel a su estirpe alegórica, pero también a sus raíces renacentistas, participa así en la renovación de la manera de pensar alegórica medieval, y se convierte en un sistema de comprensión universal de suma utilidad ideológica dentro del teatro de tendencias contrarreformistas.

En las siguientes páginas embarcaremos en un viaje de descubrimiento de la imaginación emblemática en la dramaturgia tirsiana. Tirso adapta la forma emblemática a las necesidades escénicas y se introduce en la tradición emblemática de manipulación de sistemas de signos. En el primer capítulo exploraremos cómo Tirso manipula el emblema para convertirlo en teatro y cómo juega con los significados de las imágenes que utiliza. En el segundo capítulo exploraremos más a fondo la transformación emblemática y teatral del singular tópico del olmo y la vid. Reconstruiremos, pues, un poderoso mecanismo que le permitía al público del siglo XVII, y aun a nosotros mismos, establecer la comunicación con la obra dramática y juzgar su eficacia.

1

El emblema en la obra dramática
de Tirso de Molina

1.1 TIRSO DE MOLINA Y LOS EMBLEMISTAS.

L A EMBLEMÁTICA ES PARTE integral del gusto del público español del siglo XVII. Sabemos también que Tirso es fiel a los postulados del *Arte nuevo de hacer comedias* de Lope de Vega: "la Comedia presente ha guardado las leyes de lo que ahora se usa" (*Los Cigarrales* 125). Aunque Lope y Tirso no fueron esclavos del gusto del público y aunque Lope escribiera el *Arte nuevo* con un tanto de ironía, también es cierto que un teatro nacional y comercial como la Comedia se tenía acomodar tarde o temprano a los elementos esenciales del gusto del público. No sorprende pues que Tirso acudiera a las tan populares representaciones pictórico-visuales que aparecen en los libros de emblemas, en las decoraciones de las entradas reales, en los espectáculos públicos y en otras expresiones culturales.

La vida de Tirso de Molina (1584 - 1648) coincide con la época de apogeo de los libros de emblemas en la península ibérica por lo que la popularidad de la emblemática no pudo haber pasado desapercibida por el monje mercedario. Tirso se codeaba con los mismos escritores, clérigos, cortesanos y otros individuos que formaban parte de los círculos sociales de los emblemistas. Las órdenes religiosas, incluyendo la del mismo Tirso, eran asiduas cultivadoras del género, y los sacerdotes se valían con frecuencia de los libros de emblemas para estructurar sus sermones.[26] La iglesia del convento de la Merced en Madrid, convento donde vivió un tiempo Tirso, estaba decorada con "letras geroglíficas y versos latinos y curiosos anagramas. Cuya inteligencia divierte mucho a los cortesanos curiosos, desafiándose no pocas veces los ingenios más vivos a su genuina explicación" (B.N. MS. 2684, f. 61 v., citado en *Revista Estudios* 778). Tirso contemplaría estas composiciones emblemáticas en sus frecuentes visitas a la iglesia y tendría además acceso a los libros de emblemas más conocidos que se encontraban en las bibliotecas de las órdenes religiosas. Habría indudablemente libros de emblemas en la excelente colección de la biblioteca del convento de la Merced donde venían "...todos los días personas muy curiosas y estudiosas de la Corte a trabajar en ella" (B.N. MS. 2684, f 62, citado en *Revista Estudios* 778).

Comparte Tirso con los emblemistas la idea de la primacía de la facultad visual sobre los otros sentidos y la visión neoplatónica del mundo cuya expresión renacentista y barroca tiene sus raíces en Platón, Aristóteles, Horacio y Cicerón. También se desarrolla a partir de Horacio y Cicerón en los siglos XVI y XVII la idea de *ut pictura poesis*. Russell ha situado acertadamente la emblemática dentro del contexto de *ut pictura poesis*, y considera que el emblema es el más grande experimento de la unión de las artes ("Du Bellay's..." 98-9). Al teorizar sobre la Comedia en *Los Cigarrales de Toledo*, Tirso coincide con *ut pictura poesis* cuando propone "que no en vano se llamó la Poesía pintura viva pues imitando a la muerta, esta, en el breve espacio de vara y media de lienço, pinta lexos y distancias que persuaden a la vista a lo que significan..." (126). Para Tirso, la poesía puede comunicar por medios visuales —"que persuaden a la vista lo que significan" (126)—. Coinciden con *ut pictura poesis* la emblemática y Tirso al tratar de crear un lenguaje visual por medio de figuras. Para los dramaturgos del siglo XVII, *ut pictura poesis* no era un mero tópico, sino un ideal que aspiraban a poner en escena.[27]

---

[26] Para más información sobre las órdenes religiosas y los libros de emblemas en España véase Lloyd-Bostock 204-206. Para la relación entre emblemas y sermones, véase el mismo 199-204.

[27] Dawn Smith ha demostrado que Tirso experimentaba con la relación entre la imagen visual y la expresión escrita/hablada ("Tirso's Use..." 71); Henry Sullivan ha explorado los vínculos entre la escritura de Tirso y la

El interés de Tirso por los elementos plásticos y pictóricos se evidencia en su incorporación de las artes visuales en sus obras dramáticas. Son frecuentes las descripciones de técnicas de la pintura como la siguiente de *El pretendiente al revés*: "suele hacer al cuidado sabio Apeles, / que con varios pinceles, en distinta color esmalta y pinta con bosquejos / lo que visto de lejos nos asombra" (2: 255). También pone pinturas en escena con actores y accesorios escénicos como en la aparición de "…San Francisco en cruz con el serafín, como se pinta" (1:863) en *La Santa Juana*, parte II. Otro ejemplo del interés tirsiano por el elemento plástico es la descripción de personificaciones como la de los celos en *La Santa Juana*, parte I: "no en balde los pintan [los celos] con un ojo, / y el otro ciego" (1:798). Hacia el final del acto segundo de *La joya de las montañas*, el conflicto de la obra está resumido por dos retratos donde se contrasta el deseo de Eurosia de ser esposa de Cristo con su inminente matrimonio con don Fortunio Garcés, príncipe de Aragón. Eurosia, extasiada, contempla un retrato de la Virgen y uno de Cristo. El Obispo, quien, junto con los otros presentes, cree que Eurosia admira el retrato de don Fortunio, se da cuenta de que las pinturas son religiosas, y, conmovido, le permite a Eurosia no casarse para conservar su virginidad. Más conocido es el papel del retrato de doña Serafina en *El vergonzoso en palacio*. En el segundo acto, el pintor contratado por don Antonio retrata a escondidas a Serafina mientras ésta, vestida de hombre, ensaya unos versos de una comedia. En el tercer acto, don Antonio arroja el retrato a los pies de Serafina cuando se entera de que ésta no corresponde a su amor. Serafina, en un acto de narcisismo involuntario, recoge la pintura y, sin reconocerse, se enamora del hombre que cree ver retratado. Los enredos consiguientes se derivan de la confusión que crea el retrato.

Fuera del interés de Tirso por las artes plásticas, las huellas de la iconografía barroca en sí abundan en la obra tirsiana como en los siguientes versos de *Cautela contra cautela*:

> ¡Ah Fortuna! Bien te pintan
> con el rostro de mujer,

---

pintura de Velázquez (Sullivan 127-135).

> con un pie sobre una rueda,
> y en el viento el otro pie.
> Vistes alas, calzas plumas,
> todo es volar y correr;
> tu palacio está en el aire... (2: 927)

Los detalles de la descripción de Fortuna en *Cautela contra cautela* corresponden a los que se encuentran en manuales de iconografía de la época. En su famosa *Iconografía*, Cesare Ripa pinta a Fortuna como una mujer parada en un pie sobre una bola y "en el viento el otro pie" (152) para significar su inestabilidad; las alas y plumas apuntan al rápido pasaje del tiempo que Ripa representa con la figura alada de Tiempo (152).

El concepto del mundo como Libro de la Naturaleza que desempeña un papel importante en la génesis de la mentalidad emblemática aparece con frecuencia en la obra tirsiana:

> Todo lo crió el Señor
> en el eterno Paraíso
> con tal perfección, que quiso
> enseñarnos con primor, (1: 4)

dice Arcisclo en *La joya de las montañas*. Los personajes tirsianos entreven enseñanzas en todo objeto de la creación. En *La huerta de Juan Fernández*, el proceso de maduración de las ciruelas les advierte a las doncellas que se queden en casa. Tomasa declara que una doncella "en su casa, / ciruela en un árbol es...," porque la cuida su familia. No obstante, y aquí está la advertencia, una vez que la ciruela cae al suelo se puede recoger y comer, "que, en fin, doncellas en coche / son ciruelas en banasta" (3:603). Para don Hernando, en la misma comedia, las flores son "filosofía de amor," "letras" que dan lecciones (3: 620). Estas analogías son el resultado del mismo proceso de pensamiento analógico por medio del cual los emblemistas establecen relaciones entre imágenes y significados.

Finalmente, no hay que olvidar que Tirso fue autor de autos sacramentales como *El colmenero divino*. El auto sacramental comparte la naturaleza alegórica del emblema. No es difícil encontrar en un auto sacramental ejemplos de imágenes emblemáticas: la enseñanza del sacramento de la Eucaristía por medio de figuras alegóricas es emblemática por naturaleza. Quizás el final del auto sacramental, cuando se exponen a manera de *pictura* la hostia y el cáliz, sea la parte más obviamente emblemática del género: unas imágenes acompañadas de parlamentos explicativos enseñan a la audiencia la doctrina cristiana.

Conocía, pues, Tirso los emblemas y libros de emblemas. Demuestra además un marcado interés por los elementos constituyentes del emblema (las artes plásticas, el neoplatonismo, la iconografía, y el Libro de la Naturaleza) y por el alegórico auto sacramental. A continuación, exploraremos cómo Tirso utiliza y modifica en sus obras de teatro la tradición emblemática que tenía a su disposición.[28]

1.2 EL EMBLEMA DRAMÁTICO Y LOS LIBROS DE EMBLEMAS: INTERTEXTUALIDAD EN *EL VERGONZOSO EN PALACIO, EL CELOSO PRUDENTE, AVERÍGÜELO VARGAS* Y *LA ELECCIÓN POR LA VIRTUD*.

La relación intertextual entre libros de emblemas y obras de teatro es compleja. Un emblema en una obra teatral puede referir al lector a uno o muchos emblemas conocidos. El uso del emblema en unos casos puede ayudar a caracterizar a un personaje, a delinear un conflicto personal, o a dar una enseñanza universal. El éxito del método emblemático no depende de que el público identificara el emblema al que se refiere, aunque bien es cierto que muchos miembros de la audiencia de los corrales lo podían hacer. Los emblemas se presentaban para ser captados por un público que estaba acostumbrado a hacer conexiones emblemáticas y a pensar por analogías visuales y verbales.

La característica esencial del género, que se deduce tanto de los tratados como de la práctica, es esta mezcla de palabra e imagen. Aunque en la mayoría de los libros de emblemas la imagen aparece como grabado o dibujo, es posible también que aparezca descrita de manera verbal como en los emblemas desnudos del *Neptuno alegórico* de Sor Juana. Lo importante entonces no es que la imagen aparezca

---

[28] Dadas las coincidencias entre Tirso y los emblemistas, extraña la ausencia de estudios críticos sobre la emblemática en su obra, con la notable excepción de los estudios de Dawn Smith sobre *La mujer que manda en casa*.

gráficamente, sino que haya una mezcla de imagen y palabra en una relación connotativa. De hecho, el emblema en el teatro aparece con frecuencia como emblema *desnudo*. En otros casos, como veremos a continuación, los emblemas se pueden reconocer como tales no sólo por su forma sino también por las relaciones intertextuales que una imagen y su significado establecen con otros emblemas.

En *El vergonzoso en palacio*, Mireno hace un emblema de la jerarquía social con la imagen del asno que carga una estatua. A finales de la primera jornada, doña Magdalena es incapaz de declararle su amor a Mireno y le pide ayuda para escribir una carta de amor. Mireno cree que en la carta doña Magdalena le declara su amor al Conde de Vasconcelos, pero la carta resulta ser un truco de Magdalena para declararle secretamente su amor a Mireno. Engañado, Mireno pierde toda esperanza de ser amado por la dama:

> ...Como el bruto
> en esta ocasión he sido,
> en que la estatua iba puesta
> haciéndola el público fiesta,
> que loco y desvanecido
> creyó que la reverencia,
> no a la imagen traía,
> sino a él solo se hacía;
> y con brutal impaciencia
> arrojalla de sí quiso,
> hasta que se apaciguó
> con el castigo y cayó
> confuso en su necio aviso.
> ¿Así el favor corresponde,
> con que me he desvanecido?
> Basta; que yo el bruto he sido,
> y la estatua es solo el Conde.
> Bien puedo desentonarme,
> que no es la fiesta por mí. (1: 473)

Estamos aquí ante la presencia de un emblema desnudo cuya *pictura* es la descripción del asno que trata de arrojar de sus espaldas una estatua religiosa. El verso "¿Así al favor corresponde...?" recuerda el estilo lacónico de los lemas de los emblemas. El parlamento, a manera de *subscriptio*, ayuda a la interpretación del drama al establecer una analogía entre la relación de Mireno con el Conde y la del asno con la imagen religiosa: el asno es inferior a la estatua religiosa como Mireno lo es al Conde de Vasconcelos.

Este parlamento, además, recuerda el emblema 7 de Alciato que lleva el grabado de un asno que carga la estatua de Isis. En su *Declaración magistral*, Diego López explica el emblema:

> ...vn jumento llevaua vna imagen de plata, y ...cualquiera que lo encontraua, le hazia gran reuerencia, con lo cual el jumento se leuantaua a mayores, y se ensoberuecia pensando que se le hazia a el tan grande honra, entonces oyó, tu no eres Dios, pero lleuas al Dios. Dando a entender con ello, que conuiene a aquellos que se ven en dignidad de acordarse, y conocer que son hombres. (43-44)

Por lo tanto, el emblema dramático no sólo sirve de guía para que el espectador comprenda la relación entre Mireno y el Conde sino que también establece un vínculo intertextual con el emblema alciatiano presentando así un mensaje moral general. La imagen del asno y la estatua es una advertencia general contra la vanagloria, y su visualización por parte del público crea conexiones con las moralizaciones de los emblemas sin interferir con la función dramática del emblema.

El último parlamento del acto encapsula, por medio del emblema del asno y la estatua, la imposibilidad del amor entre miembros de distintos estamentos. Después de unos intercambios confusos en que doña Magdalena y Mireno se tropiezan y se dan la mano, Mireno renueva las esperanzas en el amor de su dama, pero se desengaña en seguida:

> ¿Qué confusión, qué recelos
> son aquestos? Decid, Cielos,
> ¿esto no es amor? Mas no,
> que llevo la estatua yo
> del Conde de Vasconcelos. (1: 473)
> ... ...

> ¿soy amado? Pero no,
> que llevo la estatua yo
> del Conde de Vasconcelos. (1: 474)

La repetición del estribillo "que llevo la estatua yo / del Conde de Vasconcelos" presenta de manera pictórica y verbal un boceto de la relación social entre Mireno y el Conde. Aunque en ese momento ya hay suficientes claves textuales para que el público se dé cuenta de que Mireno es de noble cuna, tenemos que esperar hasta el tercer acto para que se establezca la nobleza de éste y se invalide así el mensaje inicial del emblema.

Otro caso interesante de la intertextualidad entre el emblema dramático y los libros de emblemas aparece en *El vergonzoso en palacio* donde Tirso, con los emblemas del almendro loco y del moral prudente, participa en el proceso de fragmentación de sistemas de signos propio de la emblemática. Según Frederick de Armas, el motivo del almendro se remonta a referencias bíblicas, donde tenía una connotación positiva derivada de la belleza de sus flores en la primavera como símbolo de la resurrección del espíritu ("the Flowering..." 117). Rastrea de Armas el desarrollo del tópico y concluye que los emblemistas, empezando con Alciato, modifican la tradición de la interpretación positiva del motivo.[29] Según de Armas la Comedia no sólo sigue la tradición del motivo del almendro sino que contribuye a su desarrollo ("The Flowering..." 119).

En el emblema III.57 de Sebastián de Covarrubias, cuya fuente es el emblema 208 de Alciato, ya aparece el "almendro loco" donde el emblemista lo compara con el moral "tardo y manso." El almendro precoz florece al principio de la primavera y pierde su flor sin dar fruto, mientras que el moral florece tarde y da fruto:

---

[29] "We can thus conclude from the evidence offered by Soto, Covarrubias, Pantaleón, Gracián, and Solís y Rivadeneyra that a tradition having its immediate source in Alciato, and equating the early Flowering almond tree with the negative aspects of prematureness, can be detected in certain Golden Age treatises, proverbs, Emblems, and poems." ("The Flowering..." 119).

El ingenio precoz y fervoroso,
Tras grande muestra, danos ruin cosecha,
El tardo, y manso, vase poco a poco,
Este es moral, y el otro, almendro loco.
(Covarrubias 257r)

Otro significado del motivo del almendro aparece en el emblema de Hernando de Soto, "Assí la hermosura se acaba" (82r), donde el florecer prematuro del almendro ilustra la brevedad de la juventud y de la vida.

En *El vergonzoso en palacio*, Tirso se introduce dentro de la trayectoria interpretativa del motivo del almendro. Serafina verbaliza el motivo del almendro en la segunda jornada mientras que el pintor la pinta:

¿Qué se hicieron los favores
que cual flores prometieron
el fruto de mi esperanza?
Mas fueron flores de almendro;
un cierzo las ha secado. (1: 471)

Parece tener razón de Armas cuando afirma que el motivo del almendro en este caso es un mero adorno retórico irrelevante en el sentido de que no da ninguna clave sobre el desarrollo consiguiente de la comedia ("The Flowering…" 119). Sin embargo, los vínculos intertextuales de la imagen con los libros de emblemas y la eficacia del modo emblemático para comunicar ideas por medio de imágenes permiten entrever una función didáctica quizás independiente de la acción dramática. En una época en que las imágenes estaban cargadas de significación es difícil concebir que el espectador fuera indiferente al significado de un lugar común popularizado por los libros de emblemas. El efecto didáctico de esta breve mención del motivo del almendro depende de las estrategias interpretativas que el modo emblemático crea en el público. El estilo lacónico conecta los últimos cinco versos con la manera de expresión de los libros de emblemas. No es necesario explicar el significado con una *subscriptio*, como en la emblemática ortodoxa. La imagen desencadena una serie de asociaciones intertextuales que imparten un significado claro e intensifican el impacto de las quejas de Serafina. Vale la pena anotar que un espectador informado establecería con facilidad estas asociaciones intertextuales y que estas asociaciones se establecen aún más fácilmente en una lectura del drama donde el lector puede darse el lujo de detenerse y volver a leer el parlamento.

Los emblemas del almendro y del moral también aparecen en la segunda jornada de *El celoso prudente*, la cual comienza con una disquisición sobre los matrimonios desiguales. Don Sancho se queja de la diferencia de edades entre él y su futura esposa, Diana. Fisberto, padre de Diana, le explica a ésta las ventajas de casarse con un hombre mayor. Según la tradición emblemática, los matrimonios se rigen por las leyes de la igualdad y la correspondencia, y por lo tanto un matrimonio desigual es problemático. Fisberto, quien con la aprobación del Rey había arreglado el matrimonio de su hija, compara el almendro con el moral para describir el amor de la joven Diana por el ya mayor don Sancho:

> pues si campos viste hermosos
> la joven amenidad
> del verano, y da tributo
> las flores, que un aire seca,
> el otoño, cuerdo, trueca
> sus flores en fértil fruto,
> que a Ceres y a Baco alegre,
> sin que la vejez le espante;
> porque a un otoño abundante
> se sigue un invierno alegre,
> y así, en el símil que toco,
> Diana, que es de este acuerdo,
> os ama por moral cuerdo
> más que por almendro loco. (1: 1246)

En contraste con el "almendro loco," está el "moral cuerdo", que representa la sensatez de la edad madura. Para probar su punto de vista, Fisberto utiliza la interpretación emblemática negativa del "almendro loco," iniciada en el Renacimiento con el emblema de Alciato y continuada por otros emblemistas.

Esta sucesión de imágenes arbóreas establece una conexión con el ya mencionado emblema III.57 de Sebastián de Covarrubias, en donde el "almendro loco" se contrasta con el moral "tardo y manso." La misma relación entre los dos árboles había sido establecida por Alciato en dos emblemas consecutivos. En el emblema 208 Alciato presenta una *pictura* del almendro con una breve *subscriptio*: "Cur properans foliis praemittis, amygdale, flores? / Odi pupillos praccocis ingenit" (244).[30] En el emblema 209, el emblemista compara el moral con el almendro: "Serior at morus nisi frigore lapso / Germinat et sapiens nomina / falsa gerit" (244).[31] Tirso se vale del modo de pensar emblemático y de las implicaciones intertextuales de los dos árboles para magnificar el significado y el efecto de la explicación de Fisberto. Como en el ejemplo de *El vergonzoso en palacio*, no hay necesidad de explicar el significado del contraste entre los dos árboles puesto que las relaciones de intertextualidad lo hacen obvio. Estos dos casos demuestran cómo la reinterpretación emblemática de motivos clásicos afecta la obra tirsiana y cómo la presentación de claves codificadas en los libros de emblemas elimina la necesidad de expresar el significado de una imagen de manera explícita.

El celoso prudente provee otro caso de intertextualidad: Don Sancho expresa su conflicto interno con el emblema de la cigüeña deslenguada. Don Sancho sospecha que su esposa, Diana, está enamorada de Sigismundo. Aunque Sancho puede vengarse de inmediato y hacer su deshonra pública, prefiere investigar la situación, y, sobre todo, callar. Su silencio y paciencia lo salvan porque, sin haber revelado sus sospechas, averigua que Diana le es fiel y que sus sospechas son el resultado de un malentendido. El silencio que salvaguarda la honra de Sancho es la virtud que la obra ilustra. El mismo subtítulo de la obra, *Al buen callar llaman Sancho*, indica, aun antes de que se pronuncie el primer verso, que el silencio será el

---

[30] "¿Por qué echas, almendro, las flores antes que las hojas? Odio a los niños prodigio" (Alciato, 244).

[31] "Más sensato, el moral no verdea más que cuando ha pasado el frío. Y, siendo sabio, lleva un nombre impertinente" (Alciato 244). Explica Sebastián en su edición de Alciato que Morus significa "loco, extravagante." De ahí que mencione Alciato que el nombre del moral no le corresponda (244).

asunto central del drama. Cuando el rey ofrece la mano de Diana a don Sancho al final de la primera jornada, éste ya teme por su honra. En el segundo acto, la motivación de Sancho es descubrir, callando, si Diana le es infiel o no. Esta motivación guía sus acciones a través del tercer acto.

Los celos de Sancho culminan en la tercera jornada cuando decide seguir a Diana a Valdeflores y callarse hasta después de cobrar venganza. En un largo monólogo, Don Sancho perfila el curso que tomarán sus acciones:

> Ya ¿de qué sirve callar,
> cuando las aves, los campos
> y las fuentes, que han de verlo,
> deben ya publicarlo?
> Demos voces... Pero no:
> más vale morir callando.
> No os afrentéis a vos mismo,
> perdido honor... (1: 1277)

Sancho basa su decisión en el código del honor y evita que la afrenta se haga pública. Sancho libra una lucha interna, cuestiona el código del honor y, desesperado, llega a punto de romper el silencio:

> Pero es rigurosa cura;
> ¿qué médico tan extraño
> no os ha de permitir
> si estáis enfermo, quejaros?
> Entrase por las cavernas
> de la tierra el viento vano,
> y mientras no halla salida,
> con terremotos y espantos
> publica a voces su pena.
>   ... ...
> ¿Y no queréis que me queje,
> para que imite al caballo
> de Troya, que mudo encierra
> en el pecho a sus contrarios? (1: 1277)

No obstante, guiado por el emblema de la cigüeña deslenguada, Sancho decide callar hasta después de cobrar venganza:

> Hablen todos, que son necios;
> que a la cigüeña han <u>pintado</u>
> por símbolo del prudente
> los que sin lengua la hallaron.(1:1276)
> (nuestro subrayado)

La *pictura* del emblema de la cigüeña deslenguada es presentada por medio de una imagen verbal donde el verbo *pintar* anima al público a que considere la imagen en términos visuales como un grabado o pintura. La integración de la *pictura* en el parlamento no produce una paralización de la acción tan marcada como si se presentara en escena por medio de un *tableaux vivant*, por ejemplo, aunque el monólogo, que contrasta con el diálogo, ya implica cierta inmovilidad y falta de acción y, por lo tanto, constituye un intermedio didáctico en medio del movimiento de la acción. Tirso integra este emblema en la acción dramática, pero lo enmarca dentro de una escena donde el movimiento en el espacio está ausente, tal como también lo está en la emblemática ortodoxa.

Con el verbo *pintar*, Tirso alerta al público que el parlamento está vinculado con la representación iconográfica de la cigüeña de los libros de emblemas, de los bestiarios, o, tal vez, de los antiguos jeroglíficos de Horapolo.[32] Para el espectador familiarizado con el significado emblemático de la cigüeña, su acepción de ave piadosa es clara. El emblema de Soto sobre el motivo de la cigüeña tiene la *inscriptio* "Silentium" / "Significase el silencio," y la *subscriptio*:

> Ave milagrosa soy,
> Pues que sin lengua he nacido
> y al viejo padre en el nido
> sustento y descanso doy.

---

[32] El papel de términos de pintura, dibujo, escultura, grabado, bordado o tapicería para señalar la presencia de imágenes emblemáticas lo ha estudiado Héctor Ciocchini con respecto a la obra de Quevedo (Ciocchini 186).

> Soy la piadosa Cigüeña
> honrada por ser piadosa:
> mas hazeme mas famosa
> lo que en mi el silencio enseña. (124v)

La explicación en prosa elabora el significado a partir de la creencia de que la cigüeña era muda:

> ...es el callar virtud muy heroyca y por el contrario graue culpa el hablar lo que ha de callarse: sirve asi mismo de exemplo marvilloso, la Cigüeña por carecer de lengua... (124v)

En *El celoso prudente* Tirso aplica la moralización del emblema de Soto de manera específica al caso de don Sancho, un caso de honor, y la utiliza a la vez de advertencia general. Tirso acertadamente escoge la técnica emblemática para dramatizar el clímax de la lucha ético-emocional de don Sancho. En el largo parlamento de don Sancho, la referencia a la cigüeña sólo ocupa unos seis versos y, sin embargo, sus implicaciones penetran toda la obra. Utiliza Tirso el poder comunicativo de los emblemas que se habían convertido en estructuras mentales, en un lenguaje universal que formaba las estrategias interpretativas del público de los corrales y que servía para comunicar verdades generales. El impacto de la imagen de la cigüeña deslenguada y su relación con textos emblemáticos como el de Soto, magnifican el efecto del parlamento en que se expresa el clímax didáctico de la obra. Tirso manipula el emblema para que desempeñe dos funciones simultáneas: resumir la enseñanza de la obra y proporcionar claves sobre cómo actuará don Sancho a partir de ese momento.

En *Averígüelo Vargas*, Tirso juega con los varios significados de los emblemas de instrumentos de cuerda para establecer la capacidad del rey niño, Alfonso V de Portugal, para gobernar. Los instrumentos de cuerda que simbolizan la armonía aparecen con frecuencia en los libros de emblemas como motivo central del grabado o como uno de los elementos secundarios. El emblema del laúd de Juan de Borja, "Interna svavissima," ilustra el tema de la armonía interna de las pasiones y de los deseos guiados por la razón. La empresa 61 de

Saavedra y Fajardo, "Maiora minoribvs consonant," un arpa con corona, desarrolla una extensa analogía entre el buen gobierno y el arte de tocar el arpa: "muchos ponen las manos en esta arpa de los reinos, pocos saben llevar los dedos por sus cuerdas, y raros son los que conocen su naturaleza y la tocan bien" (610). El instrumento desafinado representa la fragilidad del orden público: "la disonancia de una [de las cuerdas] descompone a las demás" (614).

En la primera jornada de *Averígüelo Vargas*, Tirso presenta el emblema del instrumento destemplado para significar la dificultad del buen gobierno. La situación dramática que enmarca a este emblema se enfoca en la capacidad del rey niño, Alfonso V de Portugal, para gobernar. Don Dionís, don Egas y don Duarte, caballeros de la corte, conspiran contra el Rey y esperan que el Infante don Pedro, tío de Alfonso V, se declare Rey. Con la palabra *enigma*, el verbo *pintar* y una referencia al pintor Apeles (*el griego*), Don Dionís compone un emblema desnudo cuya *pictura* es un instrumento destemplado para indicar su desconfianza en la habilidad para gobernar del rey niño:

> Esa misma razón me trae suspenso,
> si me vine enfadado de la sala,
> pues tan pequeño príncipe, no pienso
> que a la grandeza deste Reino iguala;
> y por <u>enigma</u> del cuidado inmenso
> del gobierno rëal <u>pinta</u> y señala
> <u>el griego</u> un instrumento no templado;
> que es más difícil gobernar su estado. (2: 1045)
> (nuestro subrayado)

Para intensificar la naturaleza visual de este emblema desnudo es posible que este parlamento estuviera acompañado en escena por un instrumento musical como la lira, la vihuela o el arpa que formaría una especie de *pictura* escénica. El instrumento podría ser llevado por don Dionís, o para acentuar la naturaleza estática del emblema podría aparecer depositado en uno de los nueve espacios de la fachada del teatro como parte del decorado.[33]

---

[33] Según estudios recientes, el escenario de los corrales del Siglo de Oro

En el emblema 61 de Saavedra y Fajardo, el instrumento destemplado advierte al gobernante las dificultades de su tarea. En *Averígüelo Vargas* aparece inicialmente no como advertencia, sino como juicio sobre la capacidad del Rey niño para gobernar. Por lo tanto, en boca de uno de los conspiradores, el emblema adquiere connotaciones subversivas. En la Comedia, en donde por lo general la autoridad del Rey no se cuestiona, este juicio contra la autoridad real es problemático. No obstante, el público puede establecer un vínculo intertextual con los emblemas de los instrumentos templados que significan armonía, como el de Borja, para poner al Rey dentro del marco de la armonía y la estabilidad, subvirtiendo así el ataque del emblema contra la autoridad real. En efecto, el drama no cuestiona la capacidad del Rey para gobernar, sino que la confirma con las sensatas acciones del Rey niño. Las acciones de don Alfonso V prueban su donaire y sabiduría, a la vez que establecen que el emblema del instrumento destemplado no se le puede aplicar a él. El Rey demuestra su capacidad para gobernar—para tocar las cuerdas de su reino—al dar la bienvenida al Infante, revelar en público su estima por él y pedirle que actúe de regente. El drama termina en la manera típica de la Comedia: el Rey arregla los matrimonios y se reconfirma así la validez de la autoridad real y del orden social.

---

no era tan escueto como se había pensado. Los autos sacramentales, puestos en escena en las calles, incluían elaborados escenarios. Las representaciones de palacio tenían una complicada escenografía que incluía nubes, ángeles que descendían del cielo, rayos y muchos otros efectos. Victor F. Dixon y José María Ruano de la Haza han atacado la hipótesis de que el teatro de los corrales del Siglo de Oro era de carácter exclusivamente auditivo. Ruano de la Haza ha demostrado cómo los espacios laterales del escenario de los corrales escondían decorados que denotaban distintos lugares:

> La variedad de decorados y adornos que se podía mostrar detrás de las cortinas era simplemente infinita. Los más populares eran quizá los decorados rústicos con peñas y adornos de jardín. Seguramente eran los más fáciles de erigir, ya que consistirían en unas macetas o ramas en el caso del jardín y en ramas y rocas de cartón pintado en el caso del decorado rústico. (82)

LEVE FIT QVOD BENE FERTVR ONVS

EMBLEMA. 89.

Del viejo padre carga la cigueña,
Que es simbolo del hijo agradecido,
Y en su pio retrato nos enseña
Pagar, el beneficio recebido:
Quíe sera el duro, mas que dura peña,
Que el amor paternal puesto en oluido
Dexe morir en desnudez hambriento,
Al que le diera ser, vida, y sustento.

Bb   Ver-

ILUSTRACIÓN 2. Emblema II.89 de *Emblemas morales* de Sebastián Covarrubias y Orozco, ed. John Horden (Menston, G.B.: Scolar Press, 1974).

El emblema del instrumento destemplado se subvierte y, gracias a la acción dramática y a la referencia implícita a los emblemas de instrumentos afinados, la infalibilidad del Rey, no sólo en *Averígüelo Vargas* sino en general, se confirma. La acción del drama que demuestra la sabiduría del joven rey va en contra del emblema que utiliza don Dionís como arma de ataque verbal contra el monarca.

Quizás el más complejo caso de intertextualidad emblemática en la obra de Tirso se encuentre en *La elección por la virtud* donde una composición emblemática con claros vínculos con los libros de emblemas establece la característica que define a un personaje. La primera situación dramática de la obra hace eco del título y establece el amor filial de Sixto, virtud en que se basará su elección como Papa. Al comienzo de la primera jornada, vemos en escena a Sixto llevando a su padre a cuestas: "Sale Sixto de labrador pobremente vestido; saca a su padre, muy viejo, vestido de labrador, con un gabán viejo, y sácale casi en brazos con báculo grosero..." (1: 324). Los parlamentos que siguen son didascálicas internas explícitas sobre la postura de los actores. Sixto explica que lleva a su padre "en el hombro" (1: 324) y "a cuestas" (1: 325). Un director astuto, basándose en el parlamento, ordenaría que Sixto llevara a su padre a cuestas, no sólo en brazos, como dice la didascálica externa, porque la imagen de un hijo que lleva a su padre en la espalda recordaría dos imágenes emblemáticas: el popular emblema de la cigüeña que lleva su padre a cuestas y el de Eneas que salva a su padre de las llamas de Troya. Ambos emblemas simbolizan el amor filial, el cuarto mandamiento. De esta manera, la primera salida de los actores en el escenario desencadena una serie de vínculos intertextuales, evidentes en el diálogo como lo veremos más adelante, que simbolizan la virtud de Sixto que será la base del drama. El vínculo de la escena con fuentes clásicas, bíblicas y emblemáticas confirma la pureza de Sixto y lo presenta como un lógico candidato para ser Papa.

Pereto, padre de Sixto, incluye en su parlamento palabras claves que confirman el vínculo con el emblema de la cigüeña:

> ¡Peregrina
> Virtud!, ¡piedad singular!
> Hijo, aunque viejo y cansado,
> no tanto que si arrimado
> a un palo los pies provoco,
> no pueda andar un poco.
> Soy ya viejo, estoy pesado;
> ya de mis carnes molestas
> la carga grave que contemplo.
> Suelta, si ya no me aprestas
> <u>de la cigüeña ejemplo,</u>
> <u>que lleva su padre a cuestas;</u>
> no te canse por tu vida,
> pues, la cosa más querida
> de mi vejez... (1: 324)
> (nuestro subrayado)

La disposición espacial de los personajes vincula la situación con los grabados de varios emblemas. El emblema 30 de Alciato, "Gratia referendam," (64) presenta una cigüeña que lleva a su padre a cuestas. La *subscriptio* explica el simbolismo de amor filial de la imagen: la piadosa prole de la cigüeña paga los favores de sus padres llevándolos a cuestas y alimentándolos durante su vejez (64). Esta misma cualidad le atribuye Pereto a Sixto cuando, a cuestas de su hijo, exclama, tal vez a manera de *inscriptio*, "¡Peregrina / virtud!, ¡piedad singular!" (1: 324). El emblema II.89 del libro de Sebastián de Covarrubias también lleva un grabado que representa a una cigüeña cargando a su padre a cuestas en medio vuelo (ilus. 2):

> Del viejo padre carga la cigüeña,
> Que es símbolo del hijo agradecido,
> Y en su pío retrato nos enseña
> pagar, el beneficio recibido. (189r)

La *Declaración magistral sobre los emblemas de Andrés Alciato* de Diego López establece la conexión del emblema de la cigüeña con los diez mandamientos:

> la naturaleza enseña que avemos de ser agradecidos, y principal-
> mente a nuestros padres, los quales nos dieron el ser, nos engen

Por medio de las llamas animoso
passa la dulce carga sin rezelo
del viejo padre ansiado y temeroso.
Eneas lleno de piadoso zelo
no teme el fuego ni el furor rabioso
que todo lo igualqua con el suelo,
Y el grande amor le haze tan valiente
que donde esta ningun temor consiente.

EMBL. XI.   R 3   Es

Ilustración 3. Emblema III.11 de *Emblemas morales* de Juan Horozco y Covarrubias (Segovia, 1589).

draron, nos instentaron, y dieron lo necesario, y assi despues los tres mandamientos, nos manda Dios, sin poner otra cosa por medio, que amemos, honremos a nuestros padres... (163)

El amor filial y la *pictura* de Sixto que lleva a su viejo padre a cuestas también tienen un vínculo, como lo señala López, con Eneas y su padre Anquises: "Porque Eneas sacó a su padre en los hombros, le llama el Poeta *Infigem pietate virum*" (163). El rescate de Anquises lo emblematiza Juan de Horozco y Covarrubias en un emblema cuyo grabado representa a Eneas con su padre sobre los hombros, tal como Sixto lleva a su padre "al hombro." Dice el emblema III .11 de Horozco y Covarrubias (ilus. 3):

> Por medio de las llamas animoso
> passa la dulce carga sin rezelo
> del viejo padre ansiado y temeroso.
> Eneas lleno de piadoso zelo
> no teme el fuego ni el furor rabioso
> que todo lo iguala con el suelo,
> Y el grande amor le haze tan valiente
> que donde esta ningun temor
> consiente. (123)

A su vez, basa Horozco y Covarrubias su emblema en el 194 de Alciato que presenta la misma *pictura* bajo la *inscriptio* "Pietas filorvm in parentes" (238). Un conocimiento apropiado de la leyenda revela que cuando Eneas saca a su padre de las llamas de Troya, los griegos, impresionados por su piedad, lo dejan pasar.

Tenemos entonces una serie de relaciones intertextuales (de la comedia al texto de Alciato sobre la cigüeña, al de Diego López, al de Juan Horozco y Covarrubias, al de Sebastián de Covarrubias y al de Alciato sobre Eneas, no necesariamente en este orden), las cuales proveen más detalles para explicar el retablo dramático. La aparición de Sixto llevando a su padre ayuda a que el espectador relacione la escena con varias autoridades que confirman el significado de piedad filial del emblema dramático.

El emblema del hijo con su padre a cuestas prepara al lector para seguir el desarrollo de la obra. En el teatro la caracterización de los personajes requiere gran habilidad. En este caso Tirso utiliza un emblema con varios niveles de intertextualidad para establecer de una pincelada el rasgo que rige las acciones de Sixto. La posición privilegiada del emblema al principio de la obra señala la importancia que el autor ha dado a esta imagen y a la técnica emblemática como herramientas para establecer de inmediato la santidad de Sixto, justificando así su futura posición de Papa. Las palabras finales de la obra cierran el círculo, conectando los momentos finales de la obra con el comienzo, y dando una explicación moral a manera de *inscriptio* a la totalidad de la acción de la obra: "los que a sus padres honraron, / premia el Cielo de esta suerte" (1: 373).

1.3 ACTORES, RETABLOS ESCÉNICOS Y UTILERÍA COMO ELEMENTOS EMBLEMÁTICOS: *LA MUJER QUE MANDA EN* CASA, *TANTO ES LO DEMÁS COMO LO DE MENOS, LOS LAGOS DE SAN VICENTE, CÓMO HAN DE SER LOS AMIGOS, Y LA SANTA JUANA.*

En la sección anterior vimos un caso en que un actor sirve de *pictura* de un emblema. En las páginas siguientes vamos a explorar en detalle cómo los actores, los retablos escénicos y la utilería sirven de base para componer emblemas dramáticos.

Un actor que representa un cadáver es idóneo, por su inmovilidad, para representar la *pictura* de un emblema. De hecho, Walter Benjamin considera el cadáver como la figura emblemática por excelencia (218) y Daly señala que el cadáver es un emblema que encarna una advertencia sobre las lecciones de la muerte.[34] En *La mujer que manda en casa*, drama de amplio carácter emblemático, los cadáveres de Nabot y de Jezabel forman dos retablos, cuyo carácter emblemático ya ha señalado Dawn Smith ("Tirso's Use..." 76). Nabot, quien ha rechazado los avances sexuales de Jezabel y no ha querido entregarle su viña, es apedreado a muerte por órdenes de ésta, bajo falsas acusaciones de blasfemia. En la tercera jornada, Raquel, esposa de Nabot, ciega de ira, acusa a Jezabel de asesina y ruega que la dejen morir apedreada junto a su marido. En un momento de

---

[34] "the corpse is not simply a dead character, but a warning to others to learn certain truths from his death; the corpse is an emblem that instructs" (Daly, *Literature* 147).

angustia, Raquel exclama: "¡Mostradme el teatro / de mis tragedias!"
(1: 617). Como cruel respuesta a su pedido, se descubre "tendido en el
suelo Nabot, muerto, en camisa y calzones de lienzo; él y el vestido
manchados de sangre, entre un montón de piedras, también ensan-
grentadas" (1: 617). La visión del marido muerto aviva la ira de
Raquel, quien lanza una maldición contra Jezabel: "¡[que] lebreles la
despedacen, / arrastrándola los mismos, / cuarto a cuarto, por los
campos, / miembro a miembro por los riscos!" (1: 617).

Como indica Smith, Tirso escoge paralizar emblemáticamente
este retablo dramático para indicar a la audiencia que están frente a
un momento esencial de la acción ("Tirso's Use..." 76). El cadáver de
Nabot, fuera de aumentar la tensión dramática, cumple una función
ideológica, y se convierte en la *pictura* de un emblema que paraliza
y se sale de la acción para advertir al público que la vida es breve.

En el último momento del drama, un grupo de soldados derriban
a Jezabel de la torre. Según la acotación Jezabel "cae hacia adentro"
(1:625) y queda fuera del alcance de la vista del público. Corolín
describe cómo unos perros descuartizan el cuerpo de Jezabel: "Cada
cual la descuartiza, / y herederos de sus carnes / van haciendo la
partija" (1:625). Benjamin explica que según la emblemática ortodoxa
lo orgánico tiene que destruirse para que el verdadero significado se
desprenda de los pedazos (216). El cadáver de Jezabel cobra todo su
potencial emblemático al ser descuartizado por los perros. Aunque no
aparece en escena, el cadáver descuartizado de Jezabel que Corolín ha
descrito sirve de misógina advertencia al público contra los resultados
perniciosos del abuso de poder y de la inversión del orden patriarcal.[35]
Como Smith ya ha señalado ("Introduction" 17), el emblema III.5 de
Horozco y Covarrubias presenta tres perros que devoran el cadáver de
Jezabel. La *subscriptio* y la explicación en prosa constituyen un aviso
de las consecuencias de las acciones de los malvados que concuerda
con el mensaje moral de *La mujer que manda en casa*. Aunque no es
posible establecer relaciones de fuente, los paralelos entre el emblema
libresco y el emblema dramático establecen que la técnica emblemá-

---

[35] Smith señala que el título de la obra se deriva del proverbio "La mujer
debe gobernar la casa y el marido el arca." El título al omitir la segunda parte
del proverbio indica que la división de labor ideal del hogar no existe en el
drama ("Introduction" 24).

tica no se limitaba a los libros de emblemas, y que se podía adaptar a la escena. En el último parlamento de la obra, Jehú provee la sentencia moralizadora que sirve de *subscriptio* a la obra entera:

> Alce Israel la cabeza,
> pues de Jezabel se libra,
> y escarmiente desde hoy más
> quien reinare; no permita
> que su mujer le gobierne;
> <u>pues destruye honras y vidas</u>
> <u>la mujer que manda en casa,</u>
> como este ejemplo lo afirma. (1: 625)

Que esta advertencia ocurra al final de la obra destaca su importancia como elemento dramático, puesto que resume de manera concisa el conflicto central de la obra y su significado moral. Pero la enseñanza de esta *subscriptio* no se limita al caso específico de la obra, sino que, en típico estilo emblemático, es una advertencia universal sobre el gobierno de los asuntos personales. Jehú no sólo se dirige a los israelitas ficticios de la obra, sino más específicamente al público de los corrales, advirtiendo que las mujeres no deben asumir posiciones de poder puesto que amenazarían el orden establecido.

En *La mujer que manda en casa*, Tirso se sirve de los actores, elementos puramente teatrales, para representar la *pictura* de los emblemas. Los cadáveres dejan de ser simples personajes para cobrar una función simbólica. El cadáver, inmóvil, paraliza la acción, y, acompañado por una *subscriptio*, presenta un intermedio meditativo y didáctico.

En *Tanto es lo demás como lo de menos*, una serie de composiciones emblemáticas son preámbulo del retablo emblemático que cerrará el primer acto. El conflicto central de la obra se establece en el primer acto cuando Felicia se casa por interés con el rico Nineuncio. Hacia finales del primer acto, Felicia llega a casa de Clemente, viuda y desilusionada; los "desengaños del mundo", dice, han producido un cambio en su vida (1: 1152). Desea poder "en tálamos mejorados / enmendar pasados yerros" (1:1152). A continuación, Clemente le ofrece la mano de su hijo Liberio, quien ha sufrido de una prodigalidad viciosa que su padre ha perdonado. Este nuevo matrimonio permite el restablecimiento del orden social, destruido por el matrimonio por interés de Felicia con Nineuncio.

Los entierros del pobre Lázaro y del rico avariento Nineuncio simbolizan los extremos que Felicia ha vivido. Sus vidas, dice, son "extremos / de la rueda de fortuna, / y hasta en el morir diversos" (1:1152). El contraste de la nueva vida de Felicia con su vida anterior es paralelo al contraste del estilo de vida de Nineuncio con el de Lázaro.

Con gran economía y en contados versos, Felicia anuncia que Lázaro ha sido enterrado por unos pobres en un arenal. En un parlamento más extenso, describe el entierro de Nineuncio, quien después de una comilona muere de una apoplejía, mientras las masas perecen de hambre :

> Al otro [Nineuncio], con aparatos
> costosos cuanto soberbios,
> arrastrando largos lutos,
> galas de sus herederos,
> en prolija procesión
> le llevaron hasta un templo,
> donde de mármoles finos,
> de jaspes verdes y negros,
> piras que a la clave llegan
> del edificio supremo,
> grabadas de armas, de motes
> y jeroglíficos griegos,
> en sus entrañas admiten
> el cadáver avariento... (1: 1152)
> (nuestro subrayado)

Las palabras *armas, motes* y *jeroglíficos* alertan al espectador de que está en presencia de un sistema de signos emblemático.[36] El lenguaje sensorial de esta descripción ("largos lutos," "mármoles finos,"

---

[36] Véase Bauer para un estudio de términos emblemáticos en el teatro con referencia especial a la obra de Calderón (194).

"jaspes verdes y negros,") incita a la visualización de la descripción, como si fuera la *pictura* de un emblema. A su vez, el parlamento de Felicia constituye una *subscriptio* que resume el significado moral, tanto a nivel personal como a nivel universal, del entierro de Nineuncio:

> Estas son las honras que hace
> el mundo en la muerte y esto
> en lo que paran Coronas
> y el fin que tienen Imperios.
> Rica y libre restituyo
> a la voluntad el reino,
> que mi engañada elección
> entregó al interés necio. (1: 1152)

El parlamento de Felicia expresa una idea que se dirige al público no sólo como parte del drama sino como advertencia moral universal. La descripción y la moralización constituyen un intermedio, una pausa, donde la acción dramática se paraliza para comunicar el lugar común de que todos, príncipes y mendigos, van hacia la muerte. Esta naturaleza estática del parlamento hace que la descripción del entierro de Nineuncio cobre un carácter emblemático.

El público de los corrales, sea cual fuere su extracción social, podía identificar, consciente o inconscientemente, el significado de la imagen del príncipe muerto que era parte de un sistema alegórico de códigos de antigua raigambre que recopilaron los libros de emblemas. Como lo vimos en *La mujer que manda en casa*, la presencia del cadáver en escena constituía un recordatorio de la brevedad de la vida terrenal. Pero la imagen del entierro no es la única clave del significado de la moralización, puesto que el parlamento de Felicia, a manera de *subscriptio*, ayuda a que el público capte el mensaje.

Este emblema dramático sirve de preámbulo a los últimos momentos del acto donde aparece un interesante retablo emblemático en el cual se deciden la vidas eternas de Nineuncio y Lázaro. Nineuncio, sufriendo, aparece sentado en una mesa con platos en llamas. En un nivel más alto, suponemos que en uno de los nichos del segundo o tercer corredor de la fachada del teatro,[37] Lázaro descansa en el regazo de Abraham. Este retablo cumple una función simbólica: las llamas de Nineuncio, el vestido blanco y oro de Lázaro, y la disposición vertical del espacio representan el infierno y el cielo. Mientras contempla este retablo, Clemente resume, siguiendo el procedimiento emblemático más puro, la enseñanza moral del drama con la máxima "en el medio está la virtud" (1: 1153). Esta *inscriptio* intensifica la calidad emblemática del cuadro al señalar que Dios premia a aquéllos que, como Lázaro, llevan una vida de virtud conducida entre los extremos de la avaricia de Nineuncio y de prodigalidad viciosa de Liberio. La suerte de Lázaro y Nineuncio se invierte: el humilde entierro de Lázaro se convierte en premio eterno, mientras que las ostentosas pompas fúnebres de Nineuncio son preámbulo del castigo divino. La naturaleza emblemática de este cuadro escénico contribuye a que la enseñanza moral se comunique de manera categórica.

En la comedia hagiográfica *Los lagos de San Vicente*, Tirso compone un elaborado emblema escénico. Casi en la clausura del primer acto, una composición emblemática con un mensaje teológico enseña doctrina al público y le revela a Casilda que por medio del agua obtendrá la Gracia Divina. Casilda pronuncia un largo monólogo al que sigue un diálogo con dos cautivos. Este aparente diálogo constituye una elaborada composición emblemática sobre la Santísima Trinidad. Casilda pondera el misterio de la Trinidad:

> sólo inquieta mi cuidado
> el persuadirme a entender
> que un solo Dios pueda ser
> uno y tres, sin que ninguno
> de aquestos tres sea del uno
> distinto: ¡extraño creer! (2: 25)

---

[37]   Seguimos la terminología de Ruano de la Haza quien divide el escenario de los corrales en 'tablado de la representación' que es el tablado central, y en 'fachada del teatro' que forman los tres niveles del vestuario, el primer corredor y el segundo corredor (*Los teatros comerciales...* 357).

Cuando Casilda pide una explicación más convincente, salen a escena dos cautivos que tienden un jardín con tres arroyos que brotan de una misma fuente. El cautivo primero describe la *pictura* del emblema que se dispone a componer:

> ¿No salen de aquella fuente
> distintos los tres arroyos
> que dan a estos cuadros vida? (2: 25)

El adjetivo demostrativo *aquella* puede estar acompañado por un gesto del actor quien con el dedo apunta hacia los arroyos, presentes o no en escena, para que Casilda y el público miren en una dirección determinada, como si contemplaran una *pictura*. [38] El cautivo urge de nuevo a Casilda y al público a visualizar los tres arroyos, mientras comienza a interpretar la imagen:

> ¿No es de una misma substancia
> el agua en ellos unida
> aunque distintos los <u>ves</u>? (2: 25)
> (nuestro subrayado)

Después de dirigir la atención del público hacia la fuente y los arroyos, el cautivo revela el sentido de esta *pictura* que Casilda y el público visualizan en su imaginación o ven en uno de los espacios de la fachada:

> luego siendo su pureza
> una, en la naturaleza
> serán uno siendo tres. (2: 25)

---

[38]   El uso de los deícticos para crear el 'decorado verbal,' como lo denomina Ruano de la Haza (*Los teatros comerciales...* 260), está bien documentado. También es posible que en uno de los nueve espacios de la fachada del teatro aparecieran escenas que representaran la fuente y los arroyos que Casilda menciona. En este caso, los deícticos ayudarían a centrar la atención del público en los objetos ya presentes en escena.

En esta situación, el verbo *mirar*, el adjetivo demostrativo *aquella* y, quizás, el gesto del actor son deícticos que invitan al espectador a visualizar las imágenes emblemáticas que explican el misterio de la Santísima Trinidad. Según Albrecht Schöne estas fórmulas deícticas constituyen la conexión entre la imagen y la puesta en escena.[39] Ya Helga Bauer ha aplicado esta teoría al teatro de Calderón (192-94) donde las fórmulas deícticas como *ved que* permiten dar el paso de una imagen pictórica y estática a la puesta en escena, permitiendo hacer teatro a partir de formas emblemáticas; en otras palabras, el imperativo de *ver* lleva al lector de la *pictura* a la *subscriptio* (Bauer 193). Es posible también que la imagen se representara en uno de los nueve espacios de la fachada del teatro para resaltar el carácter visual de la composición.

Se enseña, pues, la doctrina católica por medio de un lenguaje visual, como se hacía en los sermones emblemáticos de los sacerdotes de la época. El carácter didáctico-doctrinal de este cuadro lo vincula con los sermones populares y la enseñanza de la catequesis, y permite que el espectador contextualice el cuadro dentro del discurso didáctico de la sermonística. El efecto es el de paralizar sutilmente la acción de la obra para aislar la situación en un espacio que cobra un valor teológico más marcado que el de las situaciones adyacentes. El impacto visual del ejemplo y las explicaciones en prosa procuran que el espectador capte el mensaje. Cuando Casilda dice que "en este ejemplo se fragua / mi certidumbre" (2: 25) se dirige no sólo a sí misma como personaje dramático sino a cada miembro del público teatral o al lector del texto dramático.

El cautivo segundo rompe bruscamente este paréntesis emblemático al hacer referencia al movimiento de la acción con las siguientes palabras: "Venid que entra Alí Petrán, / Victorioso capitán" (2: 25). La situación siguiente demuestra que este paréntesis emblemático, fuera de tener una función didáctica, cumple la función de revelar el papel que el agua ha de desempeñar en la obra. San Vicente revela que Casilda encontrará la Gracia al bañarse en los lagos de San Vicente. El agua cobra, desde este momento, el papel de elemento de purificación, esencial en los momentos decisivos de la acción. Por ejemplo,

---

[39] veáse Bauer (193).

en una escena que recuerda la conversión de San Pablo, Alí se convierte y es bautizado con el agua de un aguamanil que unos ángeles traen del cielo (2: 46). Además, el agua de los lagos de San Vicente, purificada por la sangre de la santa, ofrece curas milagrosas a los que allí se bañan.

En *Cómo han de ser los amigos*, encontramos ejemplos de emblemas que se componen a partir de palabras, de la utilería o de los actores. Los pretendientes de Armesinda (don Manrique y don Ramón de Tolosa) se enfrentan en una justa en donde, fuera de escena, don Manrique mata a don Ramón. En los torneos medievales, los caballeros llevaban empresas[40] que expresaban alguna virtud que los identificaba, como la valentía o la fortaleza.

En el torneo aparece primero don Ramón, quien en su parlamento explica paso a paso la génesis de su empresa. Ésta parte del ave que crece en una jaula y no se escapa cuando es liberada:

> Es la amorosa presencia
> cárcel de la voluntad.
> Si la vuestra vive presa,
> la misma prisión confiesa
> mi rendida voluntad;
> aunque a la imitación del ave,
> desde pequeña encerrada,
> que de la jaula quebrada
> no quiere salir ni sabe;
> de tal manera el deseo
> vive alegre en la prisión,
> que della saco la invención
> y letra para el torneo. (1: 277)

Este emblema o empresa verbal esboza una *pictura* del ave que no se escapa para simbolizar la prisión de amor. La idea del ave enjaulada

---

[40] Aunque los teóricos diferenciaban la empresa del emblema en los tratados (ver Carvallo, los hermanos Covarrubias, y Suárez de Figueroa), en la práctica la frontera entre los dos términos era borrosa. El *Dialogo delL'imprese militare e amorosi* de Paolo Giovio es el tratado básico que define la empresa.

no aparece en la *pictura* de la empresa que lleva el caballero. Sin embargo, el significado y la imagen del ave enjaulada lo llevan a otra *pictura*, que es la que don Ramón graba en su escudo:

> Hecho Dédalo a Amor <u>pinto,</u>
> que aquí, como en Creta, traza
> los enredos con que enlaza
> su confuso laberinto.
> Después a mí en medio dél
> que en fe de cuanto celebra
> su prisión el alma, quiebra
> mi libertad el cordel
> con que se libró Teseo;
> y unos grillos a los pies,
> con una letra después,
> que explica así mi deseo:
>   (letra)
> "Si el más esclavo, ese es rey
> en las prisiones de amor,
> cuanto más preso, mejor." (1: 277)
> (nuestro subrayado)

Don Ramón *pinta* o representa aquí a Amor con una empresa que el actor lleva a escena. Tiene la *pictura* y una "letra" que no sabemos si es *inscriptio* o *subscriptio* porque no guarda el laconismo de los lemas emblemáticos ni es lo suficientemente explicativa para ser *subscriptio*. Sin embargo, Don Ramón se comunica emblemáticamente por una mezcla de palabra e imagen. La imagen del ave enjaulada es análoga a la del caballero que está en el centro de un laberinto con grillos a los pies. Las referencias a Dédalo y a Teseo intensifican el efecto de la *pictura* y el significado de prisión de amor que tiene el conjunto.

La empresa de don Ramón es ejemplo de la empresa perfecta que, aunque prima hermana del emblema, incorporaba más a fondo el concepto de enigma. El emblema, por lo general, articula la explicación en la *subscriptio*, mientras que la empresa deja que el lector desenrede los varios niveles de significación. Por la dificultad de esta empresa y por la rapidez con que pasa ante nuestros ojos en la representación teatral, Tirso tiene que expresar el proceso de construcción de aquélla, explicando su significado y sus niveles. La empresa de don Ramón se enfrenta con la de Manrique. Manrique tiene que cuidar su amor por Armesinda, porque su mejor amigo, Gastón, también se interesa en la dama. En la escena diez del primer acto:

> ...sale Don Gastón apadrinando a Don Manrique, que sale a tornear. Saca una banda en la cara y <u>un paje con una tarjeta, y en ella la divisa del Conde</u>, de la suerte que dicen las coplas. Da la letra el Conde a Armesinda, y ella la tomará con cortesía. (1: 282) (nuestro subrayado)

La *pictura* de la empresa, que según la acotación debía sacarse a escena, representa "un caballero... armado, / con la Amistad abrazado, / que al niño Amor atropella" (1: 282). La letra reza: "Vuestra afrenta siento, Amor; / mas perdonad, que conmigo / puede más que Amor, amigo" (1: 282). La composición de la *pictura* (un caballero al lado de Amistad) es análoga a la disposición espacial de don Manrique y don Gastón, el conde de Fox, en la escena donde salen lado a lado. A los dos caballeros los une una estrecha amistad, la cual obstaculiza o "atropella" el amor que ambos sienten por Armesinda. Tirso compone, pues, una empresa o emblema por medio de palabras, de la utilería, y de los actores.

Más tarde, el Duque, padre de Armesinda, sale pidiendo la muerte de don Manrique por haber matado a don Ramón. El Duque encuentra en manos de Armesinda una nota en que Manrique confirma que el caballero "con la Amistad abrazado" de su empresa es don Gastón:

> Tres cosas me han obligado a quebrar el juramento que me forzaron a hacer las desgracias que siempre en las fiestas y torneos me han sucedido. La primera es saber que el Conde de Tolosa ha obligado la [voluntad] de vuestro padre, el Duque, a que os case con él. La segunda, la amistad que debo al Conde de Fox (cuyos deseos merecen, señora, ser por vos premiados, por no haber jamás excedido de las leyes que un lícito amor permite). Y la tercera, aunque es la principal, quiero callarla, por no ofender a la

segunda. Rogad, señora, al cielo cumpla vuestra esperanza y el deseo que de serviros tengo.—Don Manrique de Lara (1: 284)

Esta nota explica, además, que don Manrique mata a don Ramón porque éste era un obstáculo para su amor. En la segunda jornada, el Duque permite la unión de su hija con don Manrique después de que el Rey apacigua la ira del Duque.

Durante el torneo, el gracioso presenta una rara empresa cómica que desempeña la función de parodia no sólo de las empresas de los caballeros, sino de toda la situación dramática. Ruano de la Haza señala acertadamente que la empresa de Tamayo es "el reverso de la medalla" de la empresa de don Ramón (*Los teatros comerciales...* 224):

> sale Tamayo con un vestido de risa, con lanza. En el brazo de la lanza lleva una bacía de barbero, y debajo, colgada, una bolsa vacía; y en la otra mano una tarjeta y en ella una ballena grande pintada, y colgada de la tarjeta una bota llena de vino. Pasa y da la letra. (1: 282)

En este caso, Tamayo, con todo su atuendo, forma la *pictura* de la empresa. Con un tono lúdico y para atraer a Rosela, elabora una alambicada explicación de su empresa, basada en un juego de palabras entre *ballena* y *va llena*, *vacía* y *bacía*:

> Oíd su interpretación,
> que a fe que es de una gallega.
> Una bacía de barbero
> es esta, y la bolsa de cuero
> estotra que pende della;
> una bota aquesta, aquella
> una ballena. Ahora quiero
> daros la interpretación.
> Porque esté la bota mía
> llena, gasto mi ración
> y siempre traigo vacía
> la bolsa. Aquesta razón
> que traigo, Tamayo ordena

>la bota con la ballena,
>la bolsa con la bacía:
>lea, pues, franchota mía. (1: 283)

La letra, que Rosela lee, dice: "Vacía, porque va llena" (1: 283). A lo que responde Tamayo: "Porque va llena la bota, / La bolsa vacía va" (1: 283). Ridiculiza la empresa del gracioso beodo las empresas de los caballeros y su torneo amoroso por Armesinda. Quizás ridicule, además, la seriedad con que los emblemas y las empresas se tomaban en la época

La primera jornada de la primera parte de la trilogía de *La santa Juana* es otro ejemplo de la composición de emblemas a partir de la utilería y, además, demuestra que Tirso participaba en la ruptura y reinterpretación emblemática de los sistemas de signos. En esta jornada, Tirso establece la vocación religiosa de Juana y su desdén por el mundo. Para expresar la devoción de la santa presenta Tirso tres composiciones emblemáticas semejantes a las que se componían a partir de un objeto cualquiera en las Justas poéticas en que participaron los más famosos poetas del siglo XVII.[41] Como en muchos emblemas que se componen a partir de características de un objeto como la dureza del diamante o el carácter efímero de la flor del almendro, estas composiciones elaboran una de las características de los chapines, las cadenas y los vestidos para comunicar un significado abstracto.

Juana, una niña de trece años que no quiere casarse, contempla los regalos que su prometido, Francisco Loarte, le ha mandado. Estos regalos son como los grabados de unos emblemas que simbolizan el desdén de Juana por los bienes materiales. Rodeada de vestidos, telas coloridas, chapines, cadenas de oro y toda clase de galas, Juana compone unos versos. El uso de fórmulas deícticas (*ved*, y *mirad*)

---

[41] Víctor Infantes dedica su artículo "Calderón y la literatura jeroglífica" a la participación de Calderón en las Justas poéticas. Describe Infantes dos tipos de "jeroglíficos:" uno que se conforma a la forma tradicional del emblema con *inscriptio, pictura* y *subscriptio* (1600), y otro en que el dibujo y el texto se mezclan para formar el mensaje poético (1601). Afirma que "raro es el poeta del barroco español que no haya competido alguna vez a lo largo de su vida en uno de los certámenes de una *Justa* poética..." (1593).

enfocan la atención del público en las prendas. Juana expresa la *subscriptio*, dirigiéndose primero a los chapines:

> Vengamos al fundamento
> sobre que el mundo fabrica
> la máquina que edifica
> entre sus torres de viento.
> ¡<u>Miren</u> sobre qué cimiento
> labra la hermosura humana
> su presunción loca y vana!
> ¿Esto a la mujer no avisa
> que, si sobre corchos pisa,
> por fuerza ha de ser liviana?
> Con corcho el mundo os engaña,
> hermosuras españolas;
> <u>ved</u> cuál os traerán sus olas
> en corchos si sois de caña.
> Loca soberbia de España
> que el mundo has vuelto al revés,
> ¿Con plata que es tu interés
> coronas chapines vanos?
> ¿Lo que afanaron tus manos
> es bien que lo pisen pies?
> Líbreme el Cielo de estado
> donde, como el indio necio,
> he de dar el oro a precio
> de corcho y papel pintado.
> Lástima tengo al casado,
> que si es su honor la mujer
> y en corchos la ha de traer,
> peligrosos son sus fines,
> porque honor sobre chapines
> a pique está de caer. (1: 791)
> (nuestro subrayado)

Esta *subscriptio* establece una analogía entre los chapines y las *torres de viento* para significar que la ligereza de la mujer es la causa de la fragilidad del honor. Los chapines son como "torres de viento," altos y ligeros por su suela de corcho. La mujer que camina en chapines no tiene cimientos firmes y puede sufrir con facilidad una caída física y espiritual.

Esta analogía establece un vínculo intertextual con los emblemas de la torre, símbolo de la firmeza. En el emblema II.5 de Sebastián de Covarrubias la firme torre se usa para expresar que es necesario tener una base firme para luchar contra la imperfección humana. Tirso, como lo hacían los emblemistas, juega con el significado tradicional de una imagen, y, al asociar las torres con la palabra *viento* (*torres de viento*) rompe el vínculo torre-firmeza y crea un nuevo emblema con un novedoso significado. Estas *torres de viento* son una antítesis de la imagen de la torre firme, lugar común en el Siglo de Oro. El contraste entre las dos imágenes subraya la fragilidad del honor que revela más tarde el mismo parlamento.

Juana dedica una composición a unas cadenas de oro:

> Cadenas, si causa penas
> vuestro aparente tesoro,
> hierro sois, que no sois oro,
> pues yerra, quien os condena.
> Si hay prisión donde hay cadena
> y la prisión siempre es mala,
> ¿quién por buenas os señala? (1:791)

En el emblema 86, Alciato hace la misma conexión entre la cadena de oro y la prisión del mundo terreno: "se dice que la frívola corte ata con cadenas de oro a los clientes palatinos a los que mantiene" (121). La elección de este emblema no es fortuita sino que establece una conexión intertextual con el emblema de la torre. La torre, fuera de su significado de firmeza, es también un símbolo tradicional de la prisión. Los dos emblemas comparten, pues, el tópico del mundo como prisión. Se establece un proceso de significación por medio del cual los dos emblemas matizan y elaboran el tópico del desdén de los bienes materiales por medio de un juego con los posibles significados de los objetos.

El siguiente emblema vincula los vestidos con el pecado original y coloca los tres emblemas dentro de un marco teológico. Los vestidos son el recuerdo—el "sambenito"—del castigo que recibe la humanidad por comer de la fruta prohibida: "vestidos que en el delito / de Adán fuisteis sambenito, / ¿del sambenito hacéis gala?" (1:791).

Después de haber presentado el mensaje universal, el siguiente verso enfoca la atención del público en el caso concreto de la santa:

> ¡Ay Dios, que en tal cautiverio
> mi padre afligirme trate!
> El mundo es mar que combate
> con alas de vituperio.
> Nave será un monasterio
> si el Cielo el paso me allana.
> Galas viles, no soy vana
> de vuestras galas, mi Dios,
> me adornad y vestid Vos. (1: 791)

Los ruegos de la santa se realizan cuando aparece un burdo y sencillo hábito de san Francisco, antítesis de las galas de este mundo, y se oye una voz que dice "estas son mis galas, Juana" (1:791). El simbolismo espiritual del hábito de San Francisco contrasta con la materialidad de chapines, cadenas y vestidos:

> Estas son galas de Cristo
> y de Francisco librea,
>
> ... ...
> Este cordón será escala
> con que desde el alboroto
> del mundo el Cielo, aunque ignoto,
> y su gloria meta a saco
> que aunque está roto este saco
> no lo sacaré en saco roto. (1:791)

En resumen, las tres composiciones emblemáticas iniciales sobre objetos materiales preparan al público para recibir y aceptar la antítesis espiritual que representa el escueto hábito de San Francisco. Los emblemas, presentados por medio de accesorios escénicos, paralizan la acción y crean un ambiente emblemático, intensificando la impresión que las composiciones causan en el ánimo del público. Se reinscriben las composiciones dentro de la acción cuando Juana recuerda que su padre fuerza su voluntad y cuando el hábito de San Francisco indica que la próxima acción de la santa será la de recogerse en un convento franciscano.

1.4 Diálogos emblemáticos en *Celos con celos se curan*.

La representación emblemática permite que en una obra de teatro los personajes entablen diálogos basados en emblemas o procesos emblemáticos. En *Celos con celos se curan* encontramos un caso de un diálogo emblemático. En la primera jornada, César tiene que elegir entre la amistad de su mejor amigo, Carlos, y el amor de su dama, Sirena. Este conflicto, que domina el primer acto, desencadena la serie de artimañas que los personajes inventan para dar celos a los otros.

Al comienzo de la primera jornada se plantea el conflicto de la obra cuando César revela sus dudas sobre la sinceridad de la amistad de Carlos. Carlos expresa sus quejas a manera de enigma emblemático, haciendo unas preguntas a César sobre la representación iconográfica de la amistad:

> ¿Por qué (desata esta duda)
> pintó la amistad desnuda
> quien su Apeles sutil fue?
> ¿Por qué, si no es en tu mengua,
> su lado abierto mostró,
> y del pecho trasladó
> el corazón a la lengua?
> ¿Por qué le vendó los ojos,
> dejando libres los labios? (1: 1334)

Como respuesta a la *pictura* emblemática, César responde con una *subscriptio* y protesta contra las acusaciones:

> Jeroglíficos agravios
> me proponen tus enojos.
> Misterioso vienes. Digo
> que si desnuda pintaban
> la amistad los que enseñaban
> leyes al perfecto amigo,
> fué para darle a entender

que entre los que la profesan,
y su lealtad interesan,
ningún secreto ha de haber.
Porque si se definió
que era un alma en dos sujetos,
afirmando los discretos
que el amigo es otro yo,
mal quedara satisfecho
de quien sus pasiones calla
el amigo que no halla
en un lugar lengua y pecho.
Mas yo,¿cuándo he delinquido
contra estas leyes? ¿qué llaves
no te ha dado el alma? (1: 1334)
(nuestro subrayado)

La representación emblemática de la amistad tiene una doble función dramática y didáctica. Aunque plantear el conflicto del primer acto es su función principal, también imparte una enseñanza explícita sobre la verdadera amistad. Las acciones subsecuentes de Carlos y César ilustran metódicamente y de manera positiva o negativa, las características de la amistad presentadas en esta imagen.

Una representación emblemática es de particular utilidad para presentar ideas morales y para dar guías dramáticas al espectador. La descripción de la pintura se vincula con los esquemas mentales del público para dejar establecido en unos cuantos versos uno de los conflictos de la obra y, a la vez, enseñar. En vez de establecer el conflicto a través de las acciones de los personajes, Tirso escoge integrar en el diálogo la economía e intensidad propias del modo emblemático. En los detalles pictórico-verbales de una imagen se concentran las ideas que se dramatizarán en la obra por medio de las acciones de los personajes. La desnudez y el corazón en la lengua representan una característica que define la amistad: la sinceridad. César no explica la venda en los ojos, pero ésta significa que la amistad es ciega y que por eso los amigos pueden ser sinceros sin miedo a ser juzgados.

La representación de la amistad confirma su naturaleza emblemática por varios medios. El uso del sinónimo de emblema, *jeroglífico*, reconfirma la naturaleza emblemática de la representación. La conexión de la imagen con el pintor griego Apeles confirma su carácter pictórico. Finalmente, el uso del verbo *pintar* es una clave para que el espectador visualice la representación de la Amistad. Los detalles que deben ser visualizados están dentro del marco de la emblemática más ortodoxa, según la cual los objetos se deben representar de manera estática e inorgánica (el corazón en la lengua). Todos estos detalles, a primera vista de superficial importancia, se combinan para animar al espectador a que emplee el modo emblemático de interpretación. Aunque no es necesario hacer explícito el significado de una personificación tan común, Tirso, siguiendo el procedimiento emblemático, hace que César explique la imagen, como si quisiera asegurarse de que el público interpretara su imagen de manera correcta.

1.5 EL EMBLEMA COMO FRAGMENTACIÓN
Y RECOMBINACIÓN DE SISTEMAS DE SIGNOS EN *LA PEÑA DE FRANCIA*.

Quizás el juego de fragmentación y recombinación de sistemas de signos sea el uso más dinámico e ingenioso del emblema en el teatro. El proceso emblemático, según Russell, consiste en la fragmentación de sistemas de signos tradicionales o de obras alegóricas conocidas y la subsecuente recombinación de los elementos fragmentados en unidades significantes nuevas y sorprendentes (*The Emblem and Device* 64). Cualquier lector de libros de emblemas reconocería tal procedimiento. Ya hemos visto cómo Alciato y los emblemistas modificaron el significado positivo del almendro para convertirlo en símbolo de la irresponsabilidad juvenil, y cómo Tirso juega con la imagen de la torre en la primera parte de *La santa Juana*.

La Peña de Francia provee un excelente ejemplo de la modificación emblemática del significado de un grupo de objetos escénicos. El conflicto que desencadena la acción de la obra parte del desinterés de Simón Vela por los valores materiales, desinterés que se manifiesta en su oposición al matrimonio. Su tío Ricardo opina que Simón debe sentar cabeza, tomar rienda de su hacienda y contraer matrimonio para asegurar su descendencia. Ricardo actúa por interés propio puesto que quiere casar a Simón con su hija para poder descansar en su vejez. Simón, quien ha demostrado ser perezoso y un fracaso como estudiante, desdeña los oficios de las letras, las armas, y el comercio, y decide nunca contraer matrimonio. Después de haber desdeñado el matrimonio, unas voces hacen que Simón emprenda la búsqueda de la Esposa Perfecta, búsqueda que estructurará y guiará la acción dramática.

Al principio de la primera jornada, Ricardo trata de convencer a Simón que escoja una de las ocupaciones que concuerdan con su estado. Ricardo utiliza una combinación de elementos verbales y visuales que recuerda las formas emblemáticas. La acotación dice: "En un bufete se descubren tres fuentes de plata: en la primera, esté un libro y un bonete con borla colorada; en la segunda, broquel y una espada desnuda, y en la tercera, un peso y una vara de medir" (1:1839). Señala Ricardo el significado de estos objetos al afirmar con una fórmula deíctica que "Estos son los tres estados /que el mundo en más precio tiene" (1: 1839). Ricardo le enseña a Simón el primer plato, y procede a elaborar el significado tradicional de estos objetos con riqueza de detalles: "las letras, sobrino, son estas," dice señalando el libro y el bonete (1: 1839). "...Si apeteces letras," continúa,

> y sus misterios penetras
> honrarás su profesión,
> que bien puedes ser casado
> y juntamente letrado,
> interpretando las leyes
> que Emperadores y Reyes
> escritas nos han dejado. (1: 1839)

Consciente de la inhabilidad de Simón para las letras, quien declara que

> no he podido
> desde mi primera edad,
> aunque desvelo el sentido
> aprender la latinidad, (1: 1839)

Ricardo procede a interpretar el segundo plato que contiene las armas:

> ejercicio más barato
> te ofrece el plato segundo
> … … …

> las armas dan en el mundo
> honras de real aparato.
> Este estado noble toma,
> que altivas cervices doma;
> verás que solo por él
> gozó César el laurel
> que oprimió el cuello de Roma. (1: 1840)

Finalmente la vara y la medida significan la profesión del comercio:

> Mas si te lleva a otra parte
> tu pacífica costumbre / y conoces inclinarte,
>   ... ...
> más a Mercurio que a Marte,
> en este plato repara
> Simón, que es ciencia más clara
> y su ganancia en exceso.
> No es de justicia este peso,
>   ... ...
> no de justicia esta vara;
> pero es de mayor codicia
> esta con que medir ves
> sus medras a la avaricia. (1: 1840)

Los objetos de la utilería le sirven, pues, a Ricardo de ayudas visuales para enumerar las virtudes de los estados correspondientes para que Simón pueda escoger el que mejor le parezca.

La presentación e interpretación de estos objetos tiene vínculos innegables con las formas emblemáticas. El libro y el bonete, el broquel y la espada, y el peso y la vara forman una *pictura*. El uso de verbos deícticos como *mostrar*, y *enseñar*, ayuda a la teatralización de la forma emblemática. En resumen, la presentación de estos objetos combina los elementos visuales con los verbales para producir el significado, tal y como lo hace la emblemática más ortodoxa.

Pero aquí no se trata de un simple conjunto de objetos con sus significados tradicionales que se ha llevado a escena, sino que la situación siguiente constituye un excelente ejemplo de la reinterpretación emblemática de unos motivos tradicionales. Ricardo deja solo a Simón, quien modifica el significado que su tío había asignado a los objetos. El joven, siguiendo el procedimiento de la emblemática más ortodoxa, rompe los sistemas de signos que sirvieron de base a la interpretación de su tío para recombinar, como lo haría Gracián, los significantes con nuevos y sorprendentes significados.[42] Simón hace de estos objetos unos misóginos emblemas de la mujer:

> Dejado me han en tres platos
> las armas, las letras y tratos
> con que vive el mercader,
> y todos de la mujer
> son verdaderos retratos.
> Las letras, porque ellas son
> tan sabias para engañar,
> que atropellan la razón
> y obligan a idolatrar
> las ciencias de Salomón.
> Las armas, por ser extrañas
> en el mundo las hazañas
> con que atropellan rendidas,
> .Troyas en Asia, encendidas,
> y mal ganadas Españas.
> El peso y vara, es la vida
> de su codicia fingida,
> porque la mujer más cara
> suele al medir de una vara
> dar los gustos sin medida. (1: 1840)

Nótese que aquí se destaca la capacidad que tienen los objetos de capturar de manera visual aquellos rasgos abstractos que Simón encuentra indeseables en la mujer. Simón señala que las armas, las letras, y las herramientas del mercader son "verdaderos retratos" de la mujer. Es decir, retratos que no capturan la forma humana, sino las

---

[42] Otro ejemplo de modificación de significados de objetos presentados en escena aparece en *La mujer que manda en casa* y ha sido estudiado por Dawn Smith ("Interpretación" 31-32).

cualidades que, dentro del modelo misógino de Simón, definen a la mujer. Dentro del proceder emblemático más ortodoxo, el emblemista sólo atiende a una característica del objeto en un emblema dado; si para dos emblemas el emblemista escoge dos características distintas del mismo objeto, podrá llegar a conclusiones contradictorias. Asimismo, Simón elige solamente un aspecto de los objetos que aparecen para dar su propia interpretación: las letras y las armas equivalen a los engaños femeniles, y el peso y la vara del mercader son símbolos de la codicia.

No contento con haber roto y recombinando el sistema de signos una vez, Simón vuelve a romperlo y reinterpreta los objetos como armas para defenderse de la mujer:

> Letras habré menester
> para que no me contrasten
> ardides de su favor;
> mas ¿qué letras hay que basten,
> ¡Cielos!, contra una mujer?
> Armas, para que defienda
> el honor, costosa prenda,
> ... ...
> Escudo, porque ande armado
> de la paciencia en que fundo
> el gobierno de su estado,
> que no hay mártir en el mundo
> que sufra lo que un casado.
> Y por conservar el seso
> he menester la vara y peso
> con que pese, a mi pesar,
> las joyas que le he de dar
> a este extraño contrapeso. (1: 1840)

Como un verdadero emblemista, Simón se concentra en otra característica de los objetos para darles nuevo significado. En lugar de destacar los aspectos de ataque de las armas, Simón se concentra en su calidad de objetos defensivos para protegerse de las ya señaladas cualidades negativas de la mujer. Así, las letras servirán para contrarrestar los engaños femeniles y la espada se convierte en arma para defender su honor.

La función de estas nuevas interpretaciones emblemáticas es establecer el desdén de Simón por el matrimonio y preparar al público para aceptar su dedicación a la Virgen. Estas interpretaciones emblemáticas se combinan con el parlamento inicial de Simón donde se establece su desinterés por los bienes materiales:

> ¿Agora me atas la manos
> con los lazos de la hacienda?
> ¿Grillos me pones,
> de tantas obligaciones,
> cuando librarme entendí?
> ¿Qué delito hayas en mí
> que me cargas de prisiones?
> Goza la hacienda que aprestas
> y por mía manifiestas;
> porque entregarme el poder
> de estado y casa, es querer
> echarme la casa a cuestas. (1:1839)

Al final eliminar del cuadro inicial, una voz predice la boda espiritual de Simón, que se realizará al final del drama:

> Y si esposa de importancia
> quieres hallar, santa y bella,
> sal de Francia, y fuera de ella,
> busca la Peña de Francia,
> y vela, Simón. (1: 1841)

Mientras la voz verbaliza su predicción, los tres platos, todavía presentes en escena, constituyen un recordatorio visual constante, un emblema de la posición de Simón con respecto al matrimonio humano.

A las dos reinterpretaciones de la trilogía simbólica se les concede gran importancia estructural puesto que tienen lugar privilegiado al principio de la obra, y establecen la posición de Simón en el conflicto con su tío. El libro y el bonete, el broquel y la espada, y el peso y la vara dominan el escenario durante la mayor parte del primer cuadro de esta obra. El espectador se encuentra ante un esquema visual con múltiples significados que prepara la subsecuente búsqueda de Simón por la Perfecta Esposa. Para dramatizar y teatralizar el conflicto central de la obra, el autor se vale de las estrategias de interpretación de imágenes que el espectador ha desarrollado al leer los libros de emblemas.

Tirso adapta otra vez la forma emblemática al teatro por medio del lenguaje, los actores y la utilería. La trilogía emblemática de las letras, las armas, y el comercio aparece en un momento clave de la acción dramática para capturar la atención del público. Más que la forma emblemática, Tirso utiliza el procedimiento emblemático y combina los objetos con nuevos significados para mantener la atención del público.

Es evidente, pues, que los emblemas no sólo son abundantes en el teatro de Tirso de Molina, sino que también desempeñan múltiples funciones. La forma emblemática se adapta al teatro por medio del lenguaje, los actores y la utilería. El emblema, que aparece por lo general en momentos claves de la acción dramática, retiene con frecuencia su naturaleza estática o se convierte en teatro, trata de capturar la atención del público, y así ejerce funciones ideológicas, didácticas o dramáticas. El emblema puede caracterizar a un personaje, resumir el conflicto dramático, establecer la conducta que un personaje debe seguir, expresar la lección moral de una obra, enseñar doctrina católica, o ser parte de un paréntesis cómico. Tirso no sólo adopta la forma del emblema o utiliza motivos emblemáticos conocidos sino que se hace partícipe de la tradición emblemática de romper y reconstituir sistemas de signos. Tirso se convierte en dramaturgo-emblemista y, con frecuencia, juega con los significados de las imágenes contribuyendo así al desarrollo del emblema. El emblema no desempeña un papel marginal en el drama de Tirso sino que se incorpora a su obra dramática para contribuir a su significado global y a su construcción.

2

El emblema en la obra de Tirso de Molina: el desarrollo emblemático del motivo del olmo y la vid

OMO VIMOS EN EL capítulo anterior, Tirso y los emblemistas juegan con las imágenes y sus significados rompiendo sus asociaciones y recombinando de manera novedosa los fragmentos resultantes. Tirso se convierte, en cierto sentido, en emblemista. En este capítulo investigaremos con más detenimiento cómo Tirso encaja y se incorpora en la tradición emblemática. La trayectoria del singular tópico del olmo y la vid ilustra los cambios que sufre un motivo clásico hasta caer en manos de los emblemistas quienes lo siguen modificando y le agregan más y más niveles de significado. Tirso utiliza los significados del tópico ya establecidos por la tradición, pero como emblemista, el monje mercedario también juega con el tópico y, como dramaturgo, lo adapta al teatro, participando así en su desarrollo.

2.1 EL ITINERARIO DEL TÓPICO DEL OLMO Y LA VID HASTA ALCIATO.

El tópico del olmo y la vid tiene profundas raíces en la antigüedad clásica.[43] Que sepamos aparece por primera vez en los poemas de

---

[43] El artículo de Peter Demetz, "The Elm and the Vine: Notes toward the History of a Marriage Topos," es el más amplio estudio histórico del

AMICITIA ETIAM POST MORTEM
durans.

EMBLEMA 159.

ILUSTRACIÓN 4. Emblema 159 de Alciato en *Declaración magistral sobre las emblemas de Andrés Alciato*, ed. John Horden (Menston, G.B.: Scolar Press, 1973).

---

tópico en su sentido de unión marital. Aurora Egido contribuye un ensayo, "Variaciones sobre la vid y el olmo en la poesía de Quevedo: amor constante más allá de la muerte," donde se presta mayor atención al desarrollo del tópico en España.

Catulo y también en las obras de Horacio, de Virgilio y de Quintiliano, aunque es posible que se hallara en obras perdidas de la escritora griega Safo. Catulo confiere al tópico el sentido de unión marital, el cual parece haberse derivado de las prácticas agrícolas de la península itálica según las cuales la vid daba mayor rendimiento si se plantaba junto a un olmo.[44] Con la llegada del cristianismo, se incorporan al significado marital del tópico las connotaciones bíblicas de la vid. Partiendo de la vid como símbolo de María y de la Iglesia, el abrazo del olmo y la vid llega a significar la unión de Cristo con la Iglesia (Egido, "Variaciones sobre..." 217). El tópico pierde vitalidad en la Edad Media por razones aún no claras, pero en el Renacimiento resurge con riqueza de variantes en la poesía, el teatro, la prosa y los libros de emblemas.[45]

Aunque Egido mantiene que "el humanismo... difunde [el tema del olmo y la vid] a partir de la emblemática" ("Variaciones sobre..." 218), Demetz no atribuye el resurgir del tópico a los libros de emblemas solamente, sino al humanismo en general (526). Lo más probable es que, por su popularidad, los libros de emblemas desempeñaran un papel importante en la diseminación del tópico. Por ejemplo, los sacerdotes pudieron haberse inspirado para sus sermones en los grabados de los libros de emblemas y haber popularizado así el tópico del olmo y la vid entre sus feligreses y, para nuestro caso, entre el público de los corrales.

El tópico del olmo y la vid aparece en el libro de emblemas de Alciato con el sentido de amistad duradera. El emblema 159, "Amicitia etiam post mortem dvrans" (ilus.4), lleva la *pictura* de una vid abrazada a un olmo seco con la siguiente *subscriptio*:

Arentem senio, nudam quoque frondibus ulmum,
Complexa est viridi vitis opaca coma,
Agnoscitque vices naturae, et grata parenti

---

[44] Catón, siguiendo el uso de los campesinos locales, utiliza el verbo latino *maridare* en su tratado de agricultura (Demetz 522-524).

[45] Demetz señala que "from the fifth to the fifteenth century there is little of the motif of elm and vine that would require concentrated literary analysis... At times there lives a dim memory of the motif, as, for instance, in a curious passage of the *Roman de la rose* (thirteenth century)..." (526).

Officii reddit mutua iura suo.
Exemploque monet, tales nos
quaerere amicos,
Quos neque disiungat foedere
summa dies.[46] (Alciato 201)

La creación de nuevas variantes, con significados que van desde la amistad hasta la lujuria, es característica de las manifestaciones renacentistas y barrocas del tópico en los libros de emblemas e ilustra el pensamiento emblemático, donde los sistemas de signos se rompen y se reconstruyen para crear conexiones novedosas. Demetz señala que en el Renacimiento se destaca el sentido sexual del tópico, derivado del poema LXI de Catulo donde la hiedra reemplaza a la vid para ilustrar el aspecto sexual de la unión marital.[47] Pero la hiedra también es símbolo de la ingratitud, significado derivado de una imagen de Plutarco en que una hiedra destruye al árbol que le sirvió de apoyo (Erdman 592). Se establecen, pues, en el Renacimiento, dos conjuntos de variantes del tópico que se conservan hasta después del Barroco: uno con significado positivo (matrimonio, amistad) y otro con significado negativo (lujuria, ingratitud).

2.2 El olmo y la vid en la emblemática española.

Los emblemas españoles del olmo y la vid se pueden clasificar de acuerdo con los dos sentidos básicos del tópico: el positivo (emblemas de amistad, de matrimonio y *a lo divino*), y el negativo (emblemas de ingratitud, de lujuria y de codicia).

---

[46] "A un olmo seco por la vejez y desnudo de hojas, se ha abrazado una vid de espeso y verde follaje. Ella reconoce las vicisitudes de la naturaleza y devuelve a su padre los servicios que él le ha prestado anteriormente. Con este ejemplo se nos advierte que busquemos unos amigos tales que no nos falte su socorro en el día supremo" (Alciato 201).

[47] Explica Demetz que "strictly speaking, the combination of vine and ivy has little to do with the marital message of Catullus' *Carmen LXII*. It is related rather to another of Catullus' poems (LXI)... in which the poet stresses the sexual aspects of marriage and describes the bride as a clinging ivy... which, full of desire... embraces her husband just as the vine embraces nearby trees..." (528).

2.2.1 EL SENTIDO POSITIVO:
EMBLEMAS DE AMISTAD, DE MATRIMONIO, DE APOYO Y *A LO DIVINO*.
En sus *Empresas morales,* Juan de Borja se basa en Alciato para componer el emblema "Amicvs post mortem" (58r)—"Amistad avn despves de mverto" (57v)—. La *pictura* consiste en una vid cargada de uvas y abrazada a un olmo seco:

> No ay cosa en la vida mas para estimar que vn buen amigo,... pero porque las leyes de la amistad son perpetuas, conuiene no solo querer y dexar de querer, lo que el amigo quiere durante la vida sino aun despues de muerto... El que esto quisiere dar a entender, puedesse valer desta empressa, del arbol seco con la parra cargada de fructo... Pues assi como el arbol haçe el mismo oficio despues de muerto, que haçia cuando viuia, en sustentar y ayudar, a dar fructo ala parra, assi da a entender que el buen amigo, aun despues de muerto ha de haçer lo mismo. (Borja, 57v).

En *Príncipe perfecto y ministros ajustados* de Andrés Mendo, otra variante presenta una vid con fruta trepando por una pirámide coronada para significar la dependencia del poeta con respecto a su mecenas.
    El sentido de unión marital del olmo y la vid no está ausente en la emblemática española. Francisco Núñez de Cepeda, en *Idea de el buen pastor* (un manual para la formación de prelados), modifica el sentido marital en un emblema con el grabado de una vid cargada de fruta y enredada entre las ramas de un olmo, bajo el mote "Stabili connubio":

> Para nuestro Núñez de Cepeda la alegoría queda aplicada al compromiso que adquiere el prelado con la Iglesia, con las connotaciones de eternidad que confiere dicho símbolo según la tradición emblemática... Remacha Núñez este matiz con palabras de Plinio: "Nullo sine crescunt, dividique, aut potius avelli nequeunt," con lo que el pacto eterno del pastor con su Iglesia es como el de la vid con el olmo, ya que éstos no podrán ser separados sin destrozar a uno de los dos. (García Mahiques 34-35)

Juan Francisco de Villalba elabora el emblema a lo divino y convierte el olmo en cruz de pino y la parra en hiedra para significar la unión de Cristo con la Iglesia.

2.2.2 EL SENTIDO NEGATIVO:
LA INGRATITUD, LA LUJURIA Y LOS ARRIBISTAS.

Las connotaciones negativas del tópico ejercieron una atracción especial para el gusto moralizador de los emblemistas españoles. Borja compone un emblema a partir de la imagen del olmo seco por el abrazo de la hiedra, bajo la *inscriptio* "Ingratitudine pereo" (80r)—"De ingratitud perezco" (79v)—:

> El viçio que en otro mas se aborreze es la ingratitud... es malissimo viçio y assi nos deuemos guardar del, como lo da, a entender esta empressa del arbol seco, con la hyedra verde... porque assi como el arbol se puede bien quexar de la hyedra que hauiendola sustenido y hecho creçer le ha sido causa de secarse, de la misma manera se podra quexar el que le ha sido mal agradeçido el bien que huuiere hecho. (79v)

Dos emblemas de los hermanos Covarrubias contra las prostitutas parten de las asociaciones tradicionales de la hiedra – planta que no produce fruta – con el amor estéril y erótico, en contraste con el amor fértil y casto del matrimonio. El emblema III.18 de Juan de Horozco y Covarrubias presenta un árbol seco cubierto de hiedra:

> El arbol que consiente compañía
> de la yedra lasciua y halaguera
> gastando su virtud de noche y dia
> entre sus braços es forçoso muera:
> Porque veays que haze quien se fia
> en la falsa amistad de la ramera,
> Que le consume y gasta sin medida
> su honra, salud, hazienda, sangre y vida. (137r).

Su hermano Sebastián de Covarrubias sustituye la pareja olmo/hiedra del emblema de Juan por la de muro/hiedra. El grabado del emblema I.37 representa un muro derruido por una hiedra. La mayor fortaleza del muro – comparada con la de un árbol – intensifica el poder destructor de la hiedra: "que seque un arbol, poco dello curo, / Pero me espa[n]ta, q[ue] derrueque un muro" (37r). La imagen advierte a los hombres que no tengan relaciones con prostitutas:

> No tiene menos fuerça si se arrima al muro, porque le va penetrando entre piedra, y piedra hasta que le derriba. Y ansi no esta seguro el ho[m]bre grave, si da a la muger tal, qualquiera entrada: Y apenas se defiende el religioso, y varon perfeto, si vn tiempo no se retira. (37v)

El verde del haz y el amarillo del envés de la hoja de la hiedra representan la doblez y la falsedad de la prostituta: "muestranos su hoja verde, q[ue] es la edad florida, y la hermosura, pero el reuerso della es amarillo, color mortal, y su gusto amargo" (37v).

El otro sentido negativo de la imagen que desarrollan los emblemistas españoles es un ataque contra la codicia de los arribistas de la corte. El significado de esta variante del tópico se deriva de la relación de dependencia entre la hiedra y el olmo, basada en el simbolismo del olmo como árbol que presta apoyo.[48] Borja elabora un emblema en el que pinta una vid enredada en una estaca bajo un mote que reza "Ipse decaepit me" (41r).[49] Se refiere Borja a aquellos que se arriman a un gran señor y luego son desfavorecidos:

> El que tuuiere colgadas sus esperanças del fauor de algun Principe, y se arrimare a algun ministro o priuado suyo, pareciendole que por aquel camino podra mas presto llegar al acreçentamiento y grandeza que pretende, quanto mayor fuere su ambicion tanto mas sentirá el faltarle este arrimo, si ve caidas y hechadas por el suelo aquellas esperanças que el pensaua tener puestas en lugar muy firme y muy seguro. A quien esto aconteçiere si lo quisiere dar a entender podrase aprovechar desta empresa de la vid cayda con la estaca o palo a que se arrima. (40v)

---

[48] La siguiente es la definición de olmo en el *Tesoro de la lengua castellana* de Sebastián de Covarrubias: "Olmo. Especie de álamo, árbol conocido, del nombre latino *ulmus*... Es símbolo del que apoya a otro, que sin su favor no podía valer ni subir, como la parra que se abraça con él y sube hasta su cumbre".

[49] "El me ha engañado" (Borja, 40v).

Sebastián de Covarrubias reemplaza la vid por una calabaza. La calabaza y la vid producen fruta, pero la calabaza es una planta frágil que muere al llegar el invierno. El emblema II.21, bajo el lema "Me sustinet ulmus" (*Emblemas* 121v), simboliza la fragilidad y brevedad del favor de los grandes señores:

> No hay cosa mas flaca y debil entre las yeruas y hortalizas que el tallo y fuste de la calabaça, y ansi anda arrastra[n]do por el suelo, pero si acierta a topar co[n] algun arbol, abraçandose a el, trepa por su tronco y ramas hasta llegar a la cumbre, y sus-pe[n]de en el ayre sus calabaçones, que parece predominar al olmo, do se arrima: pero si este falta da con todo en tierra. Hombres vanos, q[ue] con pocas prendas tuuistes ventura de arrimaros a los señores poderosos, y les caystes en gracia, no os desuanezcais, pues vn ayre solano de disfauor os puede secar, y el impetuoso viento de la muerte dar en tierra con vuestro apoyo, y os hollaran y pisaran aquellos, a los quales vostros tuuistes en poco. (131v)

En los libros de emblemas españoles, el tópico aparece, pues, dentro de la estructura tradicional del emblema *triplex*, o de una de sus variantes, con un mínimo de tres partes básicas: *inscriptio*, *pictura* y *subscriptio*. La imagen y la palabra aparecen dentro de un mismo marco espacial y se combinan para producir el significado. En la más pura tradición emblemática, la imagen se representa de manera estática y con detalles concretos para impresionar el ánimo del lector por medio de la seducción de los sentidos, facilitando así la transmisión de una enseñanza con la ayuda de la *inscriptio* y de la *subscriptio*.

La presentación del tópico no se reduce a señalar su sentido inicial de unión marital sino que, rompiendo con el sistema de signos original, incluye varias variantes, siempre dentro de un marco moral, político o teológico. Núñez de Cepeda extiende la estabilidad del matrimonio cristiano a la relación del prelado con la Iglesia; Villalba vuelve el tópico a lo divino; Borja se refiere a la amistad duradera; los hermanos Covarrubias dan un aviso contra las prostitutas; y Borja, Mendo y Sebastián de Covarrubias elaboran variantes del tema de la dependencia con respecto a un superior.

Cuando el significado es de una unión casta, la planta que aparece por lo general es la vid. Por otro lado, las uniones improductivas y dañinas, sean sexuales o económicas, tienden a ser representadas por la hiedra. El emblema de Villalba, uno de Borja y uno de Covarrubias son excepciones. Villalba vuelve el emblema a lo divino y utiliza la hiedra para significar la Iglesia. Borja y Covarrubias usan la vid y la calabaza respectivamente para representar a los arribistas. Estas desviaciones del significado común indican que el sistema de signos no era estable, lo que era normal dentro de la fragmentación de sistemas de signos tradicionales en el Barroco.

2.3 LA IMAGEN EMBLEMÁTICA: EL OLMO Y LA VID EN LA OBRA DE TIRSO.

Los casos del emblema del olmo y la vid en la obra de Tirso se pueden clasificar según el dramaturgo use la hiedra o la vid. A partir de un estudio de casos, podremos establecer si Tirso se ciñe a la interpretación positiva o negativa que los emblemistas le dieron al tópico.[50] En las obras de Tirso, encontramos dos ejemplos de la vid, seis ejemplos de la hiedra y tres ejemplos mixtos en los cuales las dos plantas aparecen lado a lado. El olmo, en algunos de los casos que hemos incluido, aparece a veces substituido por un álamo o por un muro.[51] La substitución del olmo parece no tener mayor importancia para el significado, pero el muro se utiliza para intensificar el sentido de fortaleza y estabilidad del olmo.[52]

2.3.1 LA COMBINACIÓN VID/OLMO.

En el acto primero de *Don Gil de las calzas verdes*, doña Inés, en presencia de don Juan, invita a doña Clara a que se sienten bajo la sombra de unos álamos por los que trepan unas parras cargadas de fruta. Doña Inés quiere asegurar a don Juan, quien duda de su amor, que no le ha dado la palabra de esposa en vano, y que el matrimonio con don Gil ha sido convenido por su padre: "[he venido] a desmentir,

---

[50] Los libros de emblemas presentados en las secciones anteriores no constituyen necesariamente fuentes, sino evidencia de la presencia y la manipulación del tópico del olmo y la vid en la emblemática peninsular.

[51] Nótese que el olmo es un tipo de álamo como lo explica Covarrubias en *Tesoro de la lengua*: "Olmo. Especie de álamo..."

[52] Los ejemplos aquí presentados no cubren la totalidad de la obra tirsiana, pero son suficientes tanto en número como en contenido para ilustrar la función del tópico en la obra tirsiana.

/ señor, a vuesa merced / y examinar mi firmeza" (1: 1723), dice doña Inés.

Dentro de este contexto, la descripción que Doña Inés hace del olmo y la vid cobra un indudable significado positivo de unión marital:

> Estas parras,
> destos álamos doseles,
> que a los cuellos, cual joyeles,
> entre sus hojas bizarras
> traen colgados los racimos,
> nos darán sombra mejor. (1: 1722-23)

La imagen del olmo y la vid destaca la pureza de las intenciones de doña Inés. Se puede interpretar la clave textual que ofrece el emblema como vaticinio del futuro matrimonio de don Juan con doña Inés, que, en efecto, se realiza al final del drama.

La imagen expresa de manera indirecta, pero eficaz, el asunto central de la acción. La descripción de la imagen se hace por medio de elementos visuales concretos, con la ayuda del deíctico "estas parras" que invita al público a visualizar la *pictura*, quizás con la ayuda de una actriz que apuntara con el dedo. Es también probable que alguna representación de la vid y del álamo apareciera en uno de los nueve espacios de la fachada del teatro.

El público quizás esperaría, dentro del contexto de una cultura altamente emblematizada, un matiz moralizador o, dentro del contexto barroco de fragmentación de sistemas de signos, al menos un juego con el significado del tópico. La réplica de don Juan a doña Inés establece un diálogo emblemático donde Tirso fragmenta y recombina los significados del tópico: "Si alimenta Baco a Amor, / entre sus frutos opimos / no se hallará mal el mío" (1: 1273). La imagen del olmo y la vid se separa de su significado de unión marital y se conecta con las connotaciones de Baco (dios del vino) y de Amor (dios ciego), quizás para calificar la pasión que los dos jóvenes sienten como lujuriosa e irresponsable. Implicaría entonces un reproche a Inés y a

Juan por haber engañado al padre al darse palabra de esposos a escondidas.[53]

En *La joya de las montañas*, Eurosia, camino a conocer a su futuro esposo, el príncipe Fortunio Garcés de Aragón, se detiene en medio de un bosque con su hermano Cornelio y el obispo, Arcisclo, para descansar de la jornada. Eurosia no ha ocultado el dolor que le causa este indeseado matrimonio, pues ella aspira a entrar en el convento. En "la fresca sombra / de los montes aquitanos" (1: 186), Cornelio y el obispo tratan una vez más de convencerla de que se case. Los parlamentos contienen una serie de deícticos y de verbos de representación (*aquella, contempla, pinta*) que hacen referencia al Libro de la Naturaleza y señalan que todo a su alrededor indica que debe casarse:

> Todo lo crió el Señor
> en el eterno Paraíso
> con tal perfección, que quiso
> enseñarnos con primor.
> Contempla aquella avecilla
> que, en sus gorjeos concertados,
> siendo vida de los prados,
> compone dulce capilla.
> Aquel arroyuelo amante
> que se despeña furioso,
> de tu vista muy glorioso,
> te baila el agua delante.
> Por darte entendimiento
> hacen todos maravillas,
> fuentes, flores, avecillas,
> sin tener entendimiento... (1: 186)

El olmo y la vid aparecen en otra serie de imágenes de la naturaleza en boca de Cornelio:

---

[53] Se sabe que el problema de los matrimonios a escondidas era candente. Desde Erasmo en el siglo anterior se venía discutiendo los problemas que conllevan tales uniones clandestinas.

> Aquel es el ruiseñor,
> que con música suave,
> a su consorte le sabe
> referir su tierno amor.
> Aquella vid abrazada
> en el álamo frondoso
> pinta un bosquejo glorioso
> de insensible enamorada.
> Aquella copiosa fuente,
> obligada de su amor,
> se despeña con rigor
> por ser su Narciso ausente (1: 186)
> (nuestro subrayado)

Esta serie de imágenes de la naturaleza produce un proceso de intensificación del significado, típico de los procedimientos literarios del Barroco, que destruye toda semblanza de diálogo y hace resaltar la intención retórica del parlamento de los personajes. Cornelio y Arcisclo no están dialogando, pues sus parlamentos constituyen una especie de sermón emblemático monológico con el que se intenta convencer a Eurosia de que se case y que paraliza la acción, prestando un carácter estático a las imágenes que se presentan. Esta serie de imágenes de la naturaleza, que no constituye un cuadro objetivo y realista del paisaje, se relaciona con las composiciones inorgánicas de la emblemática ortodoxa, donde los objetos se sacan de su contexto natural.

El significado del tópico del olmo y la vid en este caso es positivo: el matrimonio. Pero este significado se presenta modificado para adaptarse a las exigencias del drama. La descripción de la vid incluye el adjetivo *insensible*, referencia indirecta a la falta de interés de Eurosia por el matrimonio con el príncipe de Aragón. La modificación del significado positivo del tópico que obra el adjetivo *insensible* constituye una clave que recuerda al público que Eurosia se desinteresa por el matrimonio humano (el que representa la vid) y que aspira al matrimonio con Cristo.

2.3.2 La combinación hiedra/olmo.

En dos casos la hiedra tiene el significado de apoyo fuera del contexto sexual o marital. En ninguno de estos dos casos las imágenes cumplen una función dramática importante. En *Averígüelo Vargas*, don Alfonso de Abrantes felicita a don Pedro por haber sido nombrado regente hasta que el infante (Alfonso V de Portugal) cumpla la mayoría de edad. Don Alfonso expresa la relación entre el Rey niño y el regente con las siguientes palabras: "venís a ser, mientras crece, / él la yedra y vos el muro" (2: 1031). La analogía es clara: el niño necesita el apoyo de don Pedro hasta cumplir la mayoría de edad. No se implica que el Rey niño – la hiedra – vaya a destruir a don Pedro – el muro–, al contrario del significado del emblema I.37 de Sebastián de Covarrubias.

En *La dama del olivar*, la imagen del olmo y la hiedra es un epíteto para expresar la relación entre Dios y la orden de la Merced. Gastón, en el acto primero, pide que se edifique un monasterio real en el lugar que el rey encontró una imagen de la Virgen. El monasterio se le dará a la orden de la Merced "que es hiedra / que a Dios alcanzan sus ramas" (1: 1177). De nuevo, la analogía entre la orden – la hiedra – y Dios – el olmo – es evidente, y el significado de la relación no se elabora con el sentido negativo que se encuentra en los emblemas. Tirso modifica el significado y lo vuelve a lo divino, como lo hace Villalba, para demostrar la dependencia de la orden religiosa en el apoyo Divino.

En *La mejor espigadera* encontramos un caso en el que la hiedra significa la superficialidad del amor. El primer acto se cierra con las siguientes palabras de Masalón:

> Olvidad, alma afligida,
> quimeras, que sí los bienes
> son alas de amor,
> ¿Cómo es posible que vuelen
> mis esperanzas sin alas?
> Pues, no es mucho que se seque
> la yedra de amor, faltando
> interés que la sustente. (1: 995)[54]

---

[54] La expresión "yedra de amor" tiene la estructura del emblema verbal que propone Daly, donde la forma genitiva presenta el objeto y el significado abstracto simultáneamente *(Literature, 5.5)*.

Masalón, empobrecido, se enamora de Rut, princesa de Moab. Tirso modifica sutilmente la imagen de la hiedra, con la de una hiedra seca que ha perdido el apoyo del olmo. Expresa así el temor que tiene Masalón de perder el amor de Rut. La cualidad negativa de la hiedra es evidente: Masalón teme que el amor de Rut dependa de su "interés" o motivación económica.

La posición del tópico en el último parlamento de la primera jornada resalta su importancia dramática, pues indica al público que la pobreza de Masalón y el interés de Rut formarán parte integral del conflicto de la segunda jornada. En efecto, en un intercambio verbal entre Rut y Masalón en donde éste confirma su amor por la dama, Rut indica que la pobreza de Masalón obstaculiza sus relaciones. Pero la sinceridad del amor de Masalón gana el corazón de la princesa, con quien finalmente se casa con permiso del Rey.

En *La dama del olivar*, el emblema de la hiedra le advierte a Maroto que no se case con Laurencia. Gastón le da la mano de Laurencia a Maroto, joven que quiere dedicarse a la vida religiosa. Para convencerlo del valor del matrimonio, le da varios ejemplos de la naturaleza:

> la tortolilla con suspiros quiebra,
> viuda, los vientos por el bien que pierde,
> y mientras las exequias le celebra,
> huye del agua clara y roble verde.
> Enlaza a su consorte la culebra;
> si la hiedra amorosa al olmo pierde,
> da pálida y marchita, testimonio
> de los bienes que causa el matrimonio. (1: 1182)

Gastón combina las imágenes de la tórtola, de las culebras enlazadas, y de la hiedra que pierde el apoyo del árbol, para convencer a Maroto de que el hombre necesita compañía. Sin embargo, dos de las imágenes del ejemplo de Gastón se pueden interpretar de otra manera dentro del contexto de la obra. Por un lado, la imagen de la culebra que enlaza a su consorte representa a los mal casados en el emblema "Violentum matrimonium" de Hernando de Soto (51r). Por otro lado, la hiedra que seca al árbol tiene el significado de ingratitud y puede representar a la prostituta. Este último significado lujurioso de la hiedra es significativo, puesto que Laurencia, la prometida de Maroto, ya ha tenido relaciones sexuales con Guillén. Por lo tanto, el emblema le advierte a Maroto que no se case con ella.

Hay tres casos en los cuales la hiedra desempeña su papel de código pictórico-verbal con un significado negativo para indicar o predecir las acciones lujuriosas de los personajes masculinos. En *La romera de Santiago* encontramos un caso de una discusión emblemática entre dos personajes. La imagen de la hiedra y el olmo, junto con otras imágenes de la naturaleza, forman el preludio de la acción que desencadena el conflicto central de la obra: la violación de doña Sol por Lisuardo. En el acto primero, Lisuardo se encamina a Inglaterra para convenir las bodas del Rey Ordoño con Margarita de Inglaterra. El caballero se encuentra con doña Sol y su criada, Urraca, que van de peregrinas a Santiago, y trata de detenerlas sin éxito alguno. En el segundo acto Sol se niega a tener relaciones sexuales con Lisuardo, por lo cual éste la ataca con un puñal y la viola. Antes del ataque, Lisuardo y Sol entablan una discusión emblemática en la cual los dos personajes establecen su posición a partir de dos interpretaciones distintas de la imagen de la hiedra y el olmo. Lisuardo establece sus intenciones lujuriosas al decir:

> Mi bien, mi gloria, mi dueño;
> mujer sois, amor me abrasa;
> vuestro soy, no me matéis
> con tanto desdén, con tanta
> ingratitud y aspereza,
> que no hay ninguna inhumana
> fiera que no quiera bien
> su semejantes; las plantas,
> las peñas, fuentes y ríos
> con ser insensibles, aman.
> <u>Aquel</u> ruiseñor escucha,
> y <u>verás</u> que cuanto canta
> amorosas quejas son;
> <u>mira</u>, allí como se abrazan
> con los sauces y los olmos
> las hiedras enamoradas... (1: 1255)
>   (nuestro subrayado)

Para intensificar el impacto emocional y moral del texto, los deícticos subrayados animan al público a visualizar las imágenes como si fueran los grabados de un emblema, quizá con la ayuda de decorados en uno o varios de los nueve espacios de la fachada del teatro.

Doña Sol responde de inmediato con el tópico de la correspondencia de las voluntades en el amor, usando un deíctico y subvirtiendo el significado que propuso Lisuardo. En la más pura tradición emblemática, el parlamento presenta un nuevo significado a partir de otra característica de la *pictura*. En vez de subrayar la tradicional relación de dependencia del olmo y la hiedra, se escoge una nueva (la relación de igualdad entre ambos) para derivar un significado que expresa la negativa de la dama a los avances sexuales del caballero:

> <u>Mira</u> entre esas semejanzas
> de amor, si nadie por fuerza
> lo que le niegan alcanza.
> Amor es correspondencia
> entre dos iguales almas,
> que la costumbre la engendra
> y alimenta la esperanza. (2: 1255)
> (nuestro subrayado)

La estructura emblemática de la composición es evidente. Por medio de las palabras, y quizás del decorado, la *pictura* de la hiedra y del olmo aparece ante los ojos del espectador, quien esperaría una interpretación emblemática. El espectador, al establecer vínculos intertextuales con la tradición emblemática del tópico, interpreta la hiedra como indicio de las intenciones de Lisuardo. La inesperada interpretación de Sol le anuncia al público que la negativa de la dama es la base del conflicto dramático. La naturaleza sexual del conflicto y de las intenciones de Lisuardo es obvia. En efecto, las acciones deshonestas del caballero comienzan a continuación.

En *La Santa Juana*, parte I, el abrazo lujurioso de la hiedra también confirma las maliciosas intenciones de uno de los personajes masculinos. Don Juan de Loarte se enamora de Juana cuando ésta sólo cuenta con trece años de edad. La niña santa ya ha decidido dedicarse a Dios y escapa de casa para encaminarse al convento de San Francisco. En el camino se encuentra con don Juan, quien le dice: "Dadme, mi esposa, esos brazos, / seré venturosa hiedra / de tu cuello" (1: 800). Don Juan está a punto abrazar a la Santa, como la hiedra que abraza un olmo en la *pictura* de un emblema, cuando Juana desaparece por los aires por milagro. Como resultado, don Juan termina abrazando a su criado, lo que produce una *pictura* cómica que parodia el lujurioso abrazo que don Juan quería dar a la niña.

Desde el punto de vista de Juana y de esta comedia, las intenciones de don Juan son negativas, pues trata de casarse con una mujer destinada al matrimonio con Cristo. El uso de la palabra *hiedra* en vez de *vid*, junto con las lujuriosas acciones de Juan, constituyen elementos suficientes para confirmar que las intenciones de don Juan no tienen nada de castas. Para añadir al tono lascivo de la escena, cabe notar el uso irónico del adjetivo *venturosa* para calificar a la hiedra, que, como bien lo sabía el público, nada tenía de venturosa sino que era una planta que se relacionaba con las prostitutas.

De manera parecida, la imagen de la hiedra y el muro desempeña un papel importante en *La venganza de Tamar* para establecer el conflicto que producen las relaciones incestuosas de Amnón con su hermana. Amnón, como la hiedra destructora del emblema I.37 de Sebastián de Covarrubias, decide escalar el muro que rodea el jardín de su padre para ver a las mujeres del serrallo. Al ver a su hermana Tamar tocando una quejumbrosa canción de amor, Amnón se enamora de ella. Amnón escala el muro del jardín por una hiedra que crece pegada a éste:

> Hacia allí he visto unas yedras,
> que abrazadas a sus piedras,
> aunque el muro está bien alto,
> de escala me servirán. (3: 367)

Las palabras de Amnón, "he visto," incitan a visualizar el tópico. El resultado es una estructura emblemática (*pictura/subscriptio*) que ayuda al espectador a establecer una conexión con los emblemas de la hiedra y el muro contra las prostitutas; asimismo el espectador podrá deducir que las acciones de Amnón, quien al escalar la hiedra se asimila a ésta, serán de un carácter sexual. No escapa tampoco la ironía y el humor de asociar a Amnón con la prostitución. Tirso no sólo pone el emblema de la hiedra en su sentido de prostitución en boca de Amnón, sino que identifica al joven con la hiedra de la *pictura*. Como príncipe heredero, Amnón debe ser casto y justo pero está por descubrir una pasión incestuosa que destruirá todas sus posibilidades de acceso al trono. Al mismo tiempo, el emblema identifica irónicamente a Tamar, una inocente y decorosa virgen, con la prostituta. ¿Está Tirso cuestionando la relación entre el emblema y su significado tradicional de crítica de los engaños mujeriles? El lujurioso Amnón es quien engaña aquí al seducir a su propia hermana para convertirla en el objeto de su desprecio. El drama se enfoca en la lujuria de Amnón y establece el decoro de Tamar quien trata de rechazar a su hermano. Es irónico que Amnón cuestione la integridad de su hermana, cuando él mismo, asociado a la lujuriosa hiedra y casi asimilado a ella cuando trepa por el muro, forzará a la recatada Tamar. Amnón rompe con su papel de rey justo, y por lo tanto es castigado para que se restablezca el orden. La muerte de Amnón a manos de su hermano Absalón venga el honor de Tamar. Tirso está rompiendo el sistema de signos que misóginamente vincula la hiedra con los engaños mujeriles y obliga al espectador a forjar nuevos vínculos que le permitan entender las claves que el emblema presenta. En una especie de travestí del emblema de la hiedra, el cuadro vincula a un hombre (Amnón) con las connotaciones de lujuria y engaño de la hiedra, tradicionalmente adjudicadas a las prostitutas.

2.3.3 La vid y la hiedra presentadas de manera simultánea.

Hay tres casos en que la vid y la hiedra se presentan simultáneamente. En *La mejor espigadera* Timbreo ilustra el desinterés de Rut en su futuro matrimonio por medio de una imagen emblemática: contrasta la buena disposición de las plantas y los animales para unirse con el desdén de Rut por el amor y el matrimonio. En el parlamento de Timbreo los dos significados de la vid y la hiedra se utilizan para señalar la naturaleza sexual y espiritual del matrimonio. La hiedra expresa el aspecto sexual de una relación y la vid, el marital. Timbreo localiza el cuadro "en el teatro verde / desta alameda umbrosa…" (1:988). Uno o varios de los espacios de la fachada del teatro podrían decorarse con ramas de hiedras, vides y olmos. Sin embargo, la decoración no sería absolutamente necesaria porque la descripción incluye detalles esenciales que contribuyen a formar una composición pictórica y verbal que el público podría visualizar. Sabemos que la característica esencial de los decorados de los corrales era que "tenían una función sinecdótica, en el sentido de que designaban un todo (un jardín, un aposento) con una de sus partes (unas ramas o macetas, un estrado o un bufete)" (Ruano de la Haza, *Los teatros comerciales...*). Asimismo, las descripciones verbales no necesitarían presentar pinturas detalladas de un lugar; bastaba con que los elementos esenciales de un objeto se mencionaran, así como lo hacen los grabados emblemáticos, que tampoco tienden al realismo sino a la estilización sinecdótica.

> Timbreo utiliza la hiedra con un significado sexual:
> En las yedras <u>repara</u>,
> que con eternos lazos
> todas se tornan en brazos
> hasta que de su amante el cuello toca,
> cada cual por juntar boca con boca. (1:989)
> (nuestro subrayado)

Esta imagen se concentra en los aspectos sexuales de la relación amorosa, puesto que el uso de la hiedra en vez de la vid insinúa el contacto físico entre amantes y no entre esposos. Sin embargo, el significado aquí es de relaciones sexuales dentro del matrimonio puesto que el abrazo de la hiedra se identifica con los *eternos lazos* del matrimonio. Se contrasta y se asocia además la imagen de las hiedras abrazadas con la siguiente imagen de la vid con significado matrimonial:

> <u>Pinten</u> mi confianza
> los troncos de estos olmos,
> dando la mano a aquestas verdes parras,
> cuyas hojas bizarras,
> con generosos colmos,
> néctar a Baco dan, que amor alcanza;
> y envidia mi esperanza
> ver los lazos estrechos,
> como hijos de los pechos,
> colgar de los sarmientos los racimos
> que al matrimonio dan frutos opimos. (1:989)
> (nuestro subrayado)

El significado matrimonial del tópico está aquí desarrollado en detalle: el olmo es el elemento masculino y la parra, el femenino. La hiedra y la vid se complementan, pues, para expresar los aspectos sexuales y matrimoniales de los planes de Timbreo.

En el segundo acto de *Mari-Hernández la gallega*, la hiedra y la vid simbolizan los celos. El noble don Álvaro corteja a la villana Mari-Hernández para vengarse de los desdenes de doña Beatriz. Mari-Hernández se siente mal sin saber por qué, y le pide una explicación a Dominga. Ésta le explica su mal de manera emblemática:

> ¿<u>Ves</u> esas yedras y parras,
> desos álamos enredos?
> Pues celosas de sus hojas,
> tienen ya sus troncos secos. (2: 87)
> (nuestro subrayado)

Este parlamento tiene una evidente intención de proyectar una imagen, de crear una *pictura* de un emblema. Por medio de un deíctico y, tal vez, del gesto de la actriz, Dominga le muestra a Mari-Hernández unas hiedras y unas parras que han secado a los álamos en que crecen. La vid y la hiedra aparecen lado a lado para expresar que los celos son perniciosos tanto en una relación sexual como en una relación marital. Las dos enredaderas personificadas sienten celos irracionales por las hojas de los álamos, y, enceguecidas, secan a los árboles que les prestaban su apoyo.

El público ya ha sido advertido de que la enfermedad de Mari-Hernández son los celos. Sin embargo, en la manera típica de la emblemática ortodoxa, una *subscriptio* que explica el significado aparece a continuación:

> No hay criatura sin amor,
> ni amor sin celos perfeto,
> ni celos libres de engaños,
> ni engaños sin fundamentos.
> El ave, la planta, el bruto
> cuanto hay padece tormentos
> celosos, en fe de que ama;
> solamente escapa el necio

de su daño, porque dicen
que es sólo mal de discretos. (2: 87)

Más que una explicación de los celos de Mari-Hernández, esta situación dramática constituye un paréntesis didáctico, donde la acción se paraliza y por medio de un emblema se comunica una enseñanza.

De manera semejante, en la segunda jornada de *La mujer que manda en casa*, la vid y la hiedra parecen expresar los celos que Raquel siente cuando se entera de que Jezabel ha tratado de seducir a su esposo Nabot:

> Estas vides, todas lazos,
> destas yedras Briareos,
> ¿Por qué trepan los deseos
> ciñendo el muro a pedazos?
> ¿Por qué con verdes abrazos
> crecen entre ajenas medras,
> sino hasta las yedras,
> ejemplos del firme amor,
> tienen, celosas, temor
> que se les vayan las piedras? (1: 604)

Al remplazar la hiedra por una vid, Tirso modifica la variante del tópico en la que la hiedra abraza y destruye el muro. De igual manera, Tirso presenta a la hiedra, y no a la vid, como "ejemplos de firme amor." Tal modificación del tópico parece innecesaria para expresar la intensidad de los celos de Raquel.

Otra lectura de este pasaje es iluminadora y revela que Tirso está usando la técnica emblemática de fragmentar y recombinar sistemas de significados. El pasaje no es claro porque la imagen de la hiedra se trueca por la de la vid y viceversa. En la emblemática, la hiedra que se aferra a un muro representa normalmente la prostitución, como en el emblema I.37 de Sebastián de Covarrubias. Aquí encontramos unas vides, tradicionalmente símbolos del casto amor marital, trepando y destrozando a un muro. Las vides, que "crecen entre medras ajenas," podrían simbolizar la acción destructiva de Jezabel, sinónimo de la prostituta, quien ha tratado de seducir a un hombre que no le corresponde. Por otro lado, las hiedras, normalmente ejemplo del amor falso y pasajero de la prostituta, llegan a ser "ejemplos del firme amor," y se relacionan con el amor casto y los celos justificados de Raquel. Las hiedras "celosas" tienen miedo de que "se les vayan las piedras." En un procedimiento típico del emblema, una característica de un objeto (en este caso, la fuerza con que la hiedra se aferra al muro) se utiliza para asignarle al objeto un significado novedoso: las hiedras no significan lujuria, sino la tenacidad del verdadero amor y el ardor de los celos. Además, Tirso presenta a las vides como Briareos de las hiedras. ¿Podría esta denominación significar que las vides son guardianes de las hiedras, como Briareo lo es de los titanes? ¿O que las vides son guerreros temibles que luchan contra las hiedras? No queda claro. Sin embargo, dado el contexto dramático de la lucha entre Jezabel y Raquel, nos inclinamos por la segunda solución: las vides están tratando de ahogar a las hiedras, Jezabel a Raquel.

¿Por qué esta inversión de significados? Dentro de la tradición emblemática del motivo del olmo y la vid, ¿no sería más lógico vincular a Jezabel con la prostituta hiedra y a Raquel con la casta vid? Es posible que el dramaturgo, consciente de las estrategias de interpretación del público, haya cambiado las relaciones normales que conforman este sistema de signos para capturar la atención del lector. Por el contexto, la castidad de Raquel es evidente y contrasta con la inmoralidad de Jezabel. El público esperaría las ecuaciones "Raquel = vid" y "Jezabel = hiedra." Sin embargo, en una sorprendente recombinación de significados cuya agudeza deleitaría a Gracián, Tirso captura la atención del público.

El tópico del olmo y la vid aparece, pues, en una variedad de contextos y de situaciones dramáticas no como simple adorno sino como elemento que desempeña funciones dramáticas e ideológicas. Puesto que Tirso presenta este tópico de manera pictórica y verbal para derivar un significado abstracto y moral de uno o varios objetos, podemos concluir que su uso es emblemático. Pero Tirso no se ciñe a los significados que la emblemática había asignado al tópico, sino que, como un verdadero emblemista, juega con los sistemas de signos y vincula las imágenes con nuevos significados obligando al espectador a descifrar las imágenes para hacerse así partícipe activo de la representación. Tirso no se ciñe a presentar alegorías medievales bajo un nuevo ropaje, sino que aplica la ingeniosidad conceptista al sistema de signos que hereda de la Edad Media y de los emblemistas.

Conclusiones

El emblema es a la vez un modo de pensar y una forma artística, un híbrido pictórico-verbal de naturaleza connotativa, heredero de la tradición medieval, hijo del humanismo renacentista y participante del programa contrarreformista e imperial en España. El emblema está a caballo entre la Edad Media y el Renacimiento. Su base, el modo alegórico, es de estirpe medieval: los *exemplos*, los bestiarios, las biblias de los pobres, los clásicos *moralizados*, las danzas de la muerte y las creencias populares contribuyen a formar los sistemas de signos de la emblemática. La utilización de recursos emblemáticos en el teatro ilustra la vigencia de la mentalidad alegórica en el siglo XVII en general, y en el teatro de Tirso en particular, y demuestra cómo la mentalidad alegórica se adapta a la época haciéndose uno de los elementos más característicos suyos. Por otra parte, el humanismo renacentista aporta al emblema el hermetismo, el neoplatonismo y el redescubrimiento de los clásicos greco-latinos, mientras que la ruptura con la cosmovisión monolítica de la Edad Media permite la fragmentación de los sistemas de signos de la alegoría medieval. El emblemista fragmenta los sistemas de signos tradicionales para combinarlos de maneras novedosas en sus emblemas de manera análoga al proceso de componer conceptos que propone Gracián en su *Agudeza*. Asimismo, Tirso, convertido en dramaturgo-emblemista, utiliza los sistemas de signos que compusieron los emblemistas y contribuye al desarrollo del emblema cuando adapta al teatro y transforma motivos como el del olmo y la vid o como el del almendro cuyos significados se modificaron una y otra vez en los libros de emblemas.

Los emblemas popularizan fuera de los círculos humanistas ciertos tópicos y renuevan otros. Los libros de emblemas pasaban de mano a mano y su uso continuo deterioró y acabó con muchos ejemplares. Tal popularidad de los libros de emblemas demuestra que quizás los emblemistas hubieran tenido cierto éxito en su aspiración de crear un lenguaje universal al alcance de todos. Este lenguaje o letras universales consiste en códigos visuales que permiten la comunicación de significados de manera eficaz y, supuestamente, sin los obstáculos que la escritura alfabética presenta: los emblemas quieren formar un puente entre el humanismo y el hombre de la calle. En el teatro, Tirso hace exactamente esto: se comunica con el hombre de la calle por medio de un género tan popular como la Comedia en el que utiliza las formas y el procedimiento de otro género tan conocido como el emblema.

El teatro de los Siglos de Oro tiene rasgos en común con los emblemas: los elementos pictóricos y verbales desempeñan un papel importante en las representaciones teatrales de la época; el tono moralizador es evidente en un gran número de obras dramáticas que son voceras de los ideales del Imperio y de la Contrarreforma; y, finalmente, la herencia medieval se perfila en imágenes, en las fuentes y en el persistente gusto por la alegoría, en especial en los autos sacramentales. Además, como el emblema, el teatro de los Siglos de Oro forma parte de ese continuo que es el movimiento del Renacimiento hacia el Barroco. Tirso de Molina escribe durante el apogeo del emblema cuando los emblemas se inmiscuyen por todos los recovecos de la cultura y de la sociedad de la época: vitrales, pasatiempos y juegos, justas poéticas, decoraciones, entradas reales, enseñanza, literatura, artes plásticas y arquitectura, todos llegan a ser afectados por la moda emblemática.

Al pasar al teatro, el emblema se adapta para realizar tareas distintas de las que cumplía en los libros de emblemas, puesto que escapa los confines de la forma tripartita y de la página impresa. La forma del emblema se manifiesta de diversas maneras en el teatro: el dramaturgo puede llevar a escena los elementos pictóricos y verbales del emblema por medio del decorado, de la utilería o de los actores. Cualquiera de estos elementos puede formar la *pictura* del emblema o referir al lector a una *pictura* de un emblema conocido. En algunos casos, la *pictura* aparece descrita en los parlamentos o, meramente mencionada, sin realizarse en el espacio escénico, pero concretizándose en la mente del espectador mediante un proceso de visualización mental. Para animar al lector a visualizar una imagen y como puente entre emblema y drama, Tirso se sirve de deícticos como *ved*, *mirad*, o *aquel* ayudado a veces por el decorado mismo. La *pictura* de un emblema llevada a escena por medio de un personaje o del decorado se combinaba con un parlamento para producir un significado específico. A veces este significado era un lugar común y llenaba el horizonte de expectativas del público. En otros casos, Tirso rompía el sistema de signos y vinculaba la *pictura* con un significado novedoso. La sorpresa resultante no podía más que capturar la atención del público intensificando así la eficacia de la obra dramática. Como la *pictura* podía tener un número de significados, Tirso explicaba su significado en los parlamentos que hacían las veces de *subscriptio* o *inscriptio*. Aunque, en el caso de un emblema conocido, una explicación no fuera necesaria, Tirso gusta de explicar el significado de la *pictura*, como si quisiera asegurarse de que el público comprendiera el significado apropiado de la imagen. Sin embargo, en ciertos casos en que Tirso modifica el significado tradicional de un emblema, el dramaturgo no explica el nuevo significado con palabras sino que permite que el contexto teatral se lo sugiera al espectador. Tirso espera que el público utilice su agudeza y asumimos que el público disfrutaría de este desafío que se les lanzaba desde el tablado. Podemos decir, pues, que Tirso no sólo pone en escena la forma del emblema *triplex*, sino también el proceder emblemático. La recombinación de significados de objetos en, por ejemplo, *La peña de Francia*, ilustra cómo Tirso se convierte en emblemista para añadir interés y novedad a su obra dramática. En esta obra el monje mercedario da alardes de ingenio y agudeza y satisface el gusto del público barroco por este tipo de virtuosismo.

La concentración de significado del emblema permite que la forma emblemática desempeñe funciones dramáticas. En el teatro, medio sin narrador y con restricciones temporales, el dramaturgo tiene que presentar acontecimientos, caracterizaciones o ideas sin perder el interés del público. El emblema presenta claves inmediatamente comprensibles para el espectador. Recordemos el emblema de la cigüeña en *La elección por la virtud* que expresa el amor filial de Sixto, virtud clave para el desarrollo de la acción. También sirven las imágenes emblemáticas como vaticinio de acciones a venir, como en *Don Gil de las calzas verdes*, donde predicen el matrimonio de Juan con doña Inés. No sólo pueden las imágenes emblemáticas caracterizar a un personaje y explicar sus acciones, sino que también pueden ayudar a presentar un conflicto dramático por medio de un diálogo dramático, como en *Celos con celos se curan*. Los emblemas pueden servir para establecer la oposición de dos personajes cuando éstos interpretan de manera distinta la misma imagen, como en el diálogo emblemático entre doña Sol y Lisuardo en *La romera de Santiago*. Con frecuencia el diálogo de dos o más personajes se puede considerar como un monólogo que presenta la *pictura* y la *subscriptio* de una composición emblemática, como en el caso de Casilda y los dos cautivos en *Los lagos de San Vicente*.

El emblema, por su naturaleza estática, puede entrar en conflicto con la naturaleza dinámica del teatro. Tirso explota este conflicto entre teatro y emblema para que sus imágenes alcancen un mayor impacto. Un emblema puede abrir una especie de paréntesis en el desarrollo de la acción para capturar la atención del público: el emblema-paréntesis advierte al espectador que preste atención, como en el caso de la descripción del entierro de Nineuncio en *Tanto es lo de más como lo de menos*, o en el de la discusión emblemática de *La romera de Santiago*.

El emblema también puede cumplir funciones didácticas, como en *Los lagos de San Vicente*, donde se explica el concepto de la Santísima Trinidad por medio de la imagen de la fuente y los tres arroyos. En *El celoso prudente*, *Los lagos de San Vicente*, o *La mujer que manda en casa*, una composición emblemática es portavoz de una lección moral. De manera parecida, los últimos momentos de *Tanto es lo de más como lo de menos* resumen de manera emblemática la enseñanza moral de la obra. Como el emblema en España llega a ser portavoz del Imperio y de la Iglesia, no sorprende que Tirso lo utilice de vez en cuando como método para enseñar los valores sociales, políticos y religiosos hegemónicos. Sin embargo no se ciñe el monje mercedario a esta función del emblema. A fin de cuentas, el teatro cumple otras funciones como la del entretenimiento de las masas y así Tirso despierta la curiosidad del público al modificar motivos e imágenes.

El emblema en la obra de teatro funciona básicamente, pues, como un código que, por su poder comunicativo, el dramaturgo puede utilizar para diversos fines. No podemos olvidar que el emblema como forma y como manera de pensar responde a las estrategias de interpretación de un público que se había formado escuchando sermones emblemáticos y leyendo o mirando las composiciones de los libros de emblemas. El público lector de la época estaba acostumbrado a mirar una imagen y tratar de encontrarle uno o varios significados; el desafío de sacar significados novedosos no era nada nuevo y era parte integral de la mente barroca. Los emblemas ayudan a agudizar la mente del espectador. Las imágenes emblemáticas, en su calidad de código, aparecen esparcidas a través de la producción dramática de Tirso como claves para que el público comprenda mejor la obra o para que tenga que pensar y agudizar su entendimiento. Al presentar combinaciones ingeniosas, los emblemas se convierten también en herramientas para mantener la atención del lector.

La familiaridad del público de los corrales con el pensamiento emblemático hace posible, entonces, varios tipos de comunicación entre espectador y dramaturgo: la enseñanza en el caso del uso didáctico del emblema; la complicidad, cuando la imagen le explica algo al público que algún personaje ignora; o el juego cuando el dramaturgo enmaraña los significados de la imagen. El emblema libresco y el emblema en el teatro son, pues, parte íntegra de la cultura barroca española, y en su forma más ingeniosa, como en la *Peña de Francia*, *La mujer que manda en casa*, y *La venganza de Tamar*, el emblema es partícipe de ese gusto tan de los Siglos de Oro, tan gracianesco, como lo es el descubrimiento de novedosas relaciones entre imágenes y significados.

Obras consultadas y bibliografía selecta

FUENTES PRIMARIAS.

Alciato, Andrés. *Emblemas.* Ed. Santiago Sebastián. Trad. Pilar Pedraza. Madrid: Akal, 1985.

Borja, Juan. *Empresas morales.* Praga, 1581.

Carvallo, Luis Alfonso de. *Cisne de Apolo.* Ed. Alberto Porqueras Mayo. 2 vols. Madrid: CSIC, 1958.

Covarrubias y Orozco, Sebastián de. *Emblemas morales: 1610.* Ed. John Horden. Menston, G.B.: Scolar Press, 1973.

———, *Tesoro de la lengua castellana o española.* Ed. Martín de Riquer. Barcelona: Horta, 1943.

Giovio, Paolo. *Dialogo dell'imprese militari e amorose.* Ed. Maria Luisa Doglio. Roma: Bulzoni, 1978.

Gracián, Baltasar. *Agudeza y arte de ingenio.* Ed. Evaristo Correa Calderón. Madrid: Castalia, 1969.

Horozco y Covarrubias, Juan. *Emblemas Morales.* Segovia, 1589.

López, Diego. *Declaración magistral sobre las emblemas de Andrés Alciato.* Ed. John Horden. Menston, G.B.: Scolar Press, 1973.

López Pinciano, Alfonso. *Philosophía antigua poética.* Ed. Alfredo Carballo Picazo. Madrid: CSIC, 1953.

Mendo, Andrés. *Príncipe perfecto y Ministros ajustados. Documentos políticos y morales en emblemas.* Lyons: Boissat y Remeus, 1642.

Menestrier, Claude-François. *L'Art des emblèmes où s'enseigne la morale par les figures de la fable, de l'histoire, & de la nature.* Itzelsberger, Al.: Mäander, 1981.

Núñez de Cepeda, Francisco. *Idea de el buen pastor.* León, 1682.

Ripa, Cesare. *Iconologia.* Nueva York: Garland, 1976.

Saavedra y Fajardo, Diego. *Empresas políticas; idea de un príncipe político-cristiano.* Ed. Quintín Aldea Vaquero. 2 vols. Madrid: Nacional, 1976.

Sor Juana Inés de la Cruz. *Neptuno alegórico. Obras completas.* Ed. Alberto G. Salcedo. Vol 4. México: Fondo de cultura económica, 1957. 355-409.

Soto, Hernando de. *Emblemas moralizadas.* Ed. Carmen Bravo-Villasante. Madrid: Fundación universitaria española, 1983.

Suárez de Figueroa, Cristóbal. *Plaza universal de todas ciencias y artes*. Perpiñán, 1630.

Tirso de Molina. *Cigarrales de Toledo*. Imprenta Renacimiento, 1913.

——, *Obras completas*. Ed. Blanca de los Ríos. 3 ed. Vol 1. Madrid: Aguilar, 1969.

——, *Obras completas*. Ed. Blanca de los Ríos. Vol 2. Madrid: Aguilar, 1952.

——, *Obras completas*. Ed. Blanca de los Ríos. 2 ed. Vol 3. Madrid: Aguilar, 1968.

——, *Poesía Lírica: Deleytar aprovechando*. Ed. Lois Vázquez. Madrid: Narcea, 1981.

Villalba, Francisco de. *Empresas espirituales y morales*. Baeza: 1613.

FUENTES SECUNDARIAS.

Abellán, José Luis. *Historia crítica del pensamiento español*. Vol. 1. Madrid: Espasa-Calpe, 1979.

Álvarez, Marisa C. "*Ut Pictura Poesis*: hacia una investigación de Cervantes, *Don Quijote* y los emblemas." Diss. Georgetown U., 1988. Ann Arbor: UMI, 1989. 8913256.

Asensio, Jaime. "*Palabras y plumas*: génesis y estructura de una comedia de Tirso de Molina." *Reflexión 2* 1.1 (1972): 57-80.

Bauer, Helga. *Der Index Pictorius Calderóns: Untersuchungen zu seiner Malermetaphorik*. Hamburgo: Cram, de Gruyter & Co., 1969.

Benjamin, Walter. *The Origin of German Tragic Drama*. Tr. John Osborne. Thetford, G.B.: Lowe & Brydone, 1977.

Bertonasco, Marc. F. *Crashaw and the Baroque*. University, Alab.: U of Alabama P, 1971.

Blanco, Mercedes. "Les Cauistes et l'emblème." en *Fragments et formes brèves: Actes du IIᵉ Colloque International*. Aix-Marseille: Publications de L'Université de Provence, 1990. 87-101.

——, "Qu'est-ce qu'un *concepto*?" *Les Langues néo-latines: Bulletin trimestriel de la société des langues néo-latines*. 79.3 (1985): 2-20.

Bouzy, Christian. "El emblema: un nuevo lugar estético para los antiguos lugares éticos." *Criticón* 59 (1993): 35-45.

Bravo-Villasante, Carmen. Introducción. *Emblemas moralizadas*. De Hernando de Soto. Madrid: Fundación universitaria española, 1983.

——, "La literatura emblemática: las *Empresas morales* de Juan de Borja." *Cuadernos hispánicos* 375 (1981): 559-577.

Campa, Pedro F. *Emblemata Hispanica: An Annotated Bibliography of Spanish Emblem Literature to the Year 1700*. Durham: Duke UP, 1990.

Cavell, Richard. "Representing Writing: the Emblem as (Hiero)glyph." en *The European Emblem: Selected Papers form the Glasgow Conference*

11-14 Aug, 1987. Eds. Bernard F. Schulz, Michael Bath, y David Weston. Leiden: E.J. Brill, 1990. 167-90.

Checa Cremades, Fernando y José Miguel Morán Turina. "Las ideas artísticas de Diego de Saavedra y Fajardo." *Goya* 161-62 (1981): 324-31.

Ciocchini, Héctor. "Quevedo y la construcción de imágenes emblemáticas." *Revista de filología española* 58 (1965): 393-405.

Clayton, Jay y Eric Rothstein. "Figures in the *Corpus*: Theories of Influence and Intertextuality." en *Influence and Intertextuality in Literary History*. Ed. Clayton, Jay y Eric Rothstein. Madison, Wis.: U of Wisconsin P, 1991. 3-37.

Clements, Robert J. *Picta Poesis: Literary and Humanistic Theory in Renaissance Emblem Books*. Roma: Edizioni di Storia e letteratura, 1960.

Cull, John T. "Emblematics in Calderón's *El médico de su honra*." *Bulletin of the Comediantes* 44.1 (1992): 113-131.

———, "Emblem Motifs in *Persiles and Segismunda*." *Romance Notes*. 32:3 (1992): 199-208.

———, "'Hablan poco y dicen mucho.' The Function of Discovery Scenes in the Drama of Tirso de Molina." *Modern Language Review*. 91:3 (1996): 619-634.

Cruz, Jaqueline. "Elementos emblemáticos en la *Comedia de San Francisco de Borja*, de Matías Bocanegra." *Mester* 13.2 (1989): 19-38.

Daly, Peter M. "Directions in Emblem Research - Past and Present." *Emblematica* 1 (1986): 159-174.

———, "Emblematic Language and Iconographic Effects in some Plays by Shakespeare." *Utrecht Renaissance Studies* 1 (1982): 37-56.

———, *Emblem Theory: Recent German Contributions to the Characterization of the Emblem Genre*. Nendeln/Liechtenstein: KTO, 1979.

———, *Literature in the Light of the Emblem: Structural Parallels between the Emblem and Literature in the Sixteenth and Seventeenth Centuries*. Toronto: U. of Toronto P, 1979.

———, "Trends and Problems in the Study of Emblematic Literature." *Mosaic* 5 (1976): 53-68.

Danker, Frederick E. "Emblematic Technique in the *Auto sacramental*: Calderón's *No hay más fortuna que Dios*." *Comparative Drama* 6.1 (1972): 40-50.

De Armas, Federick. "The Flowering of the Almond Tree." *Revista de estudios hispánicos* 14 (1980): 117-134.

———, "A King Is He…: Séneca, Covarrubias, and Claramonte's *De esta agua no beberé*." *Neophilologus* 74.3 (1990): 374-82.

———, "Los naturales secretos del almendro en el teatro de Calderón." *Actas del VIII congreso de la asociación internacional de hispanistas*. Eds.

David A. Kossof, José Amor y Vázquez, Ruth H. Kossof, Geoffrey W. Ribbans. Madrid: Istmo, 1986. 447-57.

Demetz, Peter. "The Elm and the Vine: Notes towards the History of a Marriage Topos." *PMLA* 73 (1958): 521-32.

Dieckmann, Liselotte. *Hieroglyphics: The History of a Literary Symbol*. St. Louis, Mo.: Washington UP, 1970.

Dixon, Victor. "La comedia de corral de Lope como género visual." *Edad de Oro* 5 (1982): 35-38.

———, "*Los emblemas morales* de Sebastián de Covarrubias y las comedias morales de Lope." *Estado actual de los estudios del Siglo de Oro*. vol 1. Eds. Manuel García Martín et. al. Salamanca: Ediciones Universidad de Salamanca, 1993: 299-305.

Dowling, John. "La relación visual entre la empresa LXXV de Saavedra y Fajardo y *Riña a garrotazos* de Goya." *Estudios sobre el Siglo de Oro en homenaje a Raymond A. McCurdy*. Eds. Tamara Holzaffel y Alfred Rodríguez. Madrid: Cátedra, 1983. 275-84.

Egido, Aurora. Prólogo. *Emblemas*. De Andrés Alciato. Ed. Santiago Sebastián. Madrid: Akal, 1985.

———, "Variaciones sobre la vid y el olmo en la poesía de Quevedo: amor constante más allá de la muerte." *Homenaje a Quevedo*. Ed. Víctor García de la Concha. Salamanca: Universidad, 1982. 213-232.

Erdman, E. George, Jr. "Arboreal Images in the Golden Age Sonnet." *PMLA* 84 (1969): 587-95.

Freeman, Rosemary. *English Emblem Books*. Londres: Chatto & Windus, 1967.

Frenk, Margit. "Ver, oír, leer..." *Homenaje a Ana María Barrenechea*. Ed. Lía Schwartz Lerner e Isaías Lerner. Madrid: Castalia, 1984. 235-40.

Gállego, Julián. *Vision et symboles dans la peinture espagnole du siècle d'or*. París: Klincksieck, 1968.

Ganelin, Charles. "Tirso de Molina's Codes: *Cifrar* in *Palabras y plumas*." *South Central Review* 5.1 (1988): 17-24.

García Mahiques, Rafael. "Las *empresas sacras* de Núñez de Cepeda: un lenguaje que configura al prelado contrarreformista." *Goya* 187-88 (1985): 27-36.

Gilman, Stephen. "The Tower as an Emblem: Chapters VIII, IX, XIX and XX of the Chartreuse de Parme." *Analecta Romanica* 22 (1967): 11-16.

Gimbernat de González, Ester. "La poesía emblemática de Hernando Domínguez Camargo." En *Actas del VIII congreso de la Asociación Internacional de Hispanistas*. Madrid: Istmo, 1986. 615-62.

Golden, Bruce. "Calderón's Tragedies of Honor: *Topoi*, Emblem, and Action in the Popular Theater of the *Siglo de Oro*." *Renaissance Drama: New Series III*. Ed. S. Schoembaum. Evanston: Northwest UP, 1970. 239-62.

Grady, Hugh. "Rhetoric, Wit, and Art in Gracián's *Agudeza.*" *Modern Language Quarterly* 41 (1980): 21-37.

Green, Henry. *Shakespeare and the Emblem Writers: an Exposition of their Similarities of Thought and Expression.* London: Trubner, 1870.

Heckscher, William S. and Agnes B. Sherman, *Emblematic Variants: Literary Echoes of Alciati's Term Emblema. A Vocabulary Drawn from the Title Pages of Emblem Books.* New York: AMS, 1995.

Henkel, Arthur, and Albrecht Schöne. *Emblemata, Handbuch zur Sinnbild-kunst des XVI. und XVII. Jahrhunderts.* Stuttgart: 1967.

Hölteng, Karl Josef. *Aspects of the Emblem: Studies in the English Emblem Tradition and the European Context.* Kassel: Reichenberger, 1986.

Hughes, Ann Nickerson. *Religious Imagery in the Theatre of Tirso de Molina.* Macon, Ga.: Mercer, 1984.

Hunsaker, Steven V. "Perspectives on the Poetics of the Conceit." *Lucero: A Journal of Iberian and Latin American Studies* 2 (1991): 102-11.

Infantes, Víctor. "Calderón y la literatura jeroglífica." *Calderón: actos del "Congreso internacional sobre Calderón y el teatro español del Siglo de Oro."* Ed. Luciano García Lorenzo. Madrid: CSIC, 1983. 1593-1602.

Innocenti, Giancarlo. *L'immagine significante: studio sull'emblematica cinquecentesca.* Padova: Liviana editrice, 1981.

Jones, Joseph R. "Hieroglyphics in *La pícara Justina.*" *Estudios literarios de hispanistas norteamericanos dedicados a Helmut Hatzfeld.* Barcelona: Hispam, 1974. 416-26.

Klein, Robert. "La Théorie de l'expression figurée dans les traités italiens sur les 'impresse,' 1555-1612." en *La Forme et l'intelligible.* Ed. André Chastel. París: Gallimard, 1970. 123-50.

Lauer, Robert A. "The Pathos of Mencía's Death in Calderón's *El médico de su honra.*" *Bulletin of the Comediantes* 40.1 (1988): 25-40.

Ledda, Giuseppina. *Contributo allo studio della letteratura emblematica in Spagna (1549-1613).* Universitá de Pisa, 1970.

Lloyd-Bostock, Philip. "A Study of Emblematic Theory and Practice in Spain between 1580 and 1680." Diss. Oxford U, 1979.

Lokos, Ellen. "El lenguaje emblemático en el *Viaje del Parnaso.*" *Cervantes* 9.1 (1989): 63-74.

Maldonado de Guevara, Francisco. "La teoría de los géneros literarios y la constitución de la novela moderna." *Estudios dedicados a Menéndez Pidal.* Vol 3. Madrid: CSIC, 1952. 299-320.

Maravall, José Antonio. *La cultura del barroco: análisis de una estructura histórica.* 2a. ed. Barcelona: Ariel, 1980.

———, *Teatro y literatura en la sociedad barroca.* Madrid: Seminarios y ediciones, 1972.

Mariscal, George. "Iconografía y técnica emblemática en Calderón: *La devoción de la cruz*." *Revista canadiense de estudios hispánicos* 5.3 (1981): 340-354.

Markiewicz, Henryck. "*Ut Pictura Poesis...* A History of the Topos and the Problem." *New Literary History* 3.18 (1987): 535-58.

Martins, Heitor. "*La estrella de Sevilla* como emblema." *Barroco*. 1 (1969): 75-79.

May, T.E. "An Interpretation of Gracián's *Agudeza y arte de ingenio*." en *Wit of the Golden Age*. Kassel, Al.: Teichenberger, 1986. 3-28.

———, "Gracián's Idea of the *Concepto*." en *Wit of the Golden Age*. Kassel, Al.: Teichenberger, 1986. 53-79.

———, "Notes on Gracián's *Agudeza*." en *Wit of the Golden Age*. Kassel, Al.: Teichenberger, 1986. 270-283.

McCready, Warren T. "*Empresas* in Lope de Vega's Work." *Hispanic Review* 25.2 (1957): 79-104.

Mehl, Dieter. "Emblems in English Renaissance Drama." *Renaissance Drama: New Series II* 1969: 39-57.

Merriman, James D. "The Parallel of the Arts: Some Misgivings and a Faint Affirmation." *Journal of Aesthetics and Criticism* 31 (1972-73): 153-64.

Michaud, Monique. *Mateo Almán, moraliste chrétien: de l'apologétique picaresque à l'pologétique tridentine*. París: Aux amateurs de livres, 1987.

Michel, Alain. "Rhétorique et philosophie de l'emblème: allégorie, réalisme, fable." en *Emblèmes et devises au temps de la Renaissance*. Ed. M.T. Jones-Davies. París: Jean Touzot, 1981. 23-31.

Miedema, Hessel. "The Term *Emblema* in Alicati." *Journal of the Warburg and Courtault Institutes* 31 (1968): 234-250.

Minguez, Víctor. "Un género emblemático: el jeroglífico barroco festivo: a propósito de unas series valencianas." *Goya* 223-24 (1991): 331-38.

Moffit, John F. Reseña de *Alciato: emblemas*. Ed. Santiago Sebastián. *Emblematica* 1 (1986): 367-370.

Moir, Duncan W. "Lope de Vega's *Fuenteovejuna* and the *Emblemas morales* of Sebastián de Covarrubias Horozco (with a few Remarks on *El villano en su rincón*)." *Homenaje a W.L. Fichter*. Eds. A.D. Kossof y José Amor y Vásquez. Madrid: Castalia, 1971. 537-46.

Moreno Cuadro, Fernando. "La visión emblemática del gobernante virtuoso." *Goya* 187-88 (1985): 2-7.

Moseley, Charles. *A Century of Emblems: an Introductory Anthology*. Hants, G.B.: The Scolar Press, 1989.

Núñez-Cáceres, Javier. "Estructura emblemática del soneto dedicado a Cristóbal de Mora." *Torre* 6.24 (1992): 445-50.

Parker, Alexander. *"Concept* and *Conceit:* An Aspect of Comparative Literary History." *Modern Language Review* 77.4 (1982): xxi-xxxv.

Pelegrin, Benito. "La Tradition de la devise chez Saavedra y Fajardo, Gracián et dans les maximes de La Rochefoucauld." *Fragments et formes brèves.* Aix en Provence: Publications de l'Université de Provence, 1990. 71-85.

Post, Chandler R. *Medieval Spanish Allegory.* Cambridge, Ma.: Harvard UP, 1915.

Praz, Mario. "Concept of the Emblem: Renaissance and Baroque." *Encyclopaedia of World Art.* Nueva York: McGraw-Hill, 1961.

——, *Mnemosyne: the Parallel between Literature and the Visual Arts.* Princeton, N.Y.: Princeton UP, 1970.

——, *Studies in Seventeenth Century Imagery.* 2a ed. Roma: Edizioni di storia e letteratura, 1964.

Preston, Claire. "The Emblematic Structure of *Pericles." Word and Image* 8.1 (1992): 21-38.

Rethuen, K.K. *The Conceit.* Londres: Methuen & Co., 1969.

Revilla, Francisco. "Las emblemas moralizadas de Hernando de Soto: Horizonte y retrato de un intelectual laico bajo los Asturias." *Goya* 187-88 (1985): 113-19.

Revista Estudios, Tirso de Molina. Madrid: Publicaciones de *Revista Estudios,* 1949.

Rosende Valdes, Andrés A. "El carácter emblemático de las sillerías de coro gallegas." *Goya* 1887-88 (1985): 8-16.

Ruano de la Haza, José María. "Actores, decorados y accesorios escénicos en los teatros comerciales del Sigo de Oro." *Actor y técnica de representación del teatro clásico español.* Ed. José María Borque. Londres: Tamesis, 1989. 77-98.

——, y John J. Allen. *Los teatros comerciales del siglo XVII y la escenificación de la Comedia.* Madrid: Castalia, 1994.

Ruiz Lagos, Manuel. "Técnica escenográfica en el teatro simbólico barroco: las alegorías inanimadas." *Goya* 169-71 (1982): 82-91.

Russell, Daniel S. "Du Bellay's Emblematic Vision of Rome." *Yale French Studies* 47 (1972): 98-109.

——, *The Emblem and the Device in France.* Lexington, Ky.: French Forum, 1985.

——, "Emblems and Hieroglyphics: Some Observations on the Beginnings and the Nature of Emblematic Forms." *Emblematica* 1.2 (1986): 227-43.

——, "Emblematic Structures in Sixteenth-Century French Poetry." *Jahrbuch für Internationale Germanistik* 14.1 (1982): 54-100.

Sánchez Pérez, Aquilino. *La literatura emblemática española: siglos XVI y XVII.* Madrid: sociedad general española de librería, 1977.

Sarmiento, Edward. "Gracián's *Agudeza y arte de ingenio*." *Modern Language Review* 27 (1982): 281-92.

———, "On Two Criticisms of Gracián's *Agudeza*." *Hispanic Review* 3 (1935): 23-35.

Schwartz, Jerome. "Emblematic Structures in Yver's *Printemps*." *Journal of Medieval and Renaissance Studies* 17.2 (1987): 235-255.

———, "Emblematic Theory and Practice: the Case of the 16th Century French Emblem Book." *Emblematica* 2.2 (1987): 293-315.

Sebastián Santiago, ed. Comentarios a *Emblemas*. De Andrés Alicato. Madrid: Akal, 1985.

———, "El patio de la Infanta de la Casa Zaporta de Zaragoza. Lectura iconográfica." *Goya* 175-6 (1983): 8-20.

———, "La emblemática moral de Vaenius en Iberoamérica." *Goya* 234 (1993): 322-29.

———, "La pintura emblemática de la Casa del Fundador de Tunja (Colombia)." *Goya* 166 (1982): 178-83.

———, "Origen y difusión de la emblemática en España e Hispanoamérica." *Goya* 187-88 (1985): 2-7.

Selig, Karl Ludwig. "La teoria dell'emblema in Ispagna: I testi fondamentali." *Convivium* 3 (1955): 409-421.

———, "Gracián and Alciato's *Emblemata*." *Comparative Literature* 7.1 (1956): 1-11.

———. *Studies on Alciato in Spain*. Nueva York y Londres: Garland, 1990.

Seznec, Jean. *The Survival of the Pagan Gods*. Nueva York: Pantheon, 1953.

Sloane, Mary Cole. *The Visual in Metaphysical Poetry*. Atlantic Highlands, N.J.: Humanities Press, 1981.

Smith, Dawn. "Introduction." *La mujer que manda en casa* por Tirso de Molina. Londres: Tamesis, 1985.

———. "Tirso's Use of Emblems as a Technique of Representation in *La mujer que manda en casa*." *Bulletin of the Comediantes* 37.1 (1985): 71-81.

Soons, Alan. "Calderón dramatizes an Emblem." *Arcadia* (1970): 72-74.

Stegemeier, Henry. "Problems in Emblem Literature." *Journal of English and Germanic Philology* 45 (1946): 26-37.

Stoll, Anita K. "Image Patterns as Interpretative Devices in Tirso's Theater." En *Selected Proceedings of the Pennsylvania Foreign Language Conference*. Ed. Gregorio C. Martin. Duquesne UP, 1988. 175-83.

Thompson, Elbert.N.S. *Literary Bypaths of the Renaissance*. Freeport, N.Y.: Books for Libraries Press, 1968.

Tristan, Marie-F. "L'Art des devises au XVIᵉ siècle en Italie: une théorie du symbole." *Emblèmes et devises au temps de la Renaissance*. Ed. M.T. Jones-Davies. París: Jean Touzot, 1981. 47-63.

Tuve, Rosemond. *Allegorical Imagery*. Princeton: U of Princeton P, 1966.

Ullman, Pierre. "An Emblematic Interpretation of Sansón Carrasco's Disguises." En *Estudios literarios de hispanistas norteamericanos dedicados a Helmut Hatzfeld con motivo de su 80 aniversario*. Eds. Josep M. Solá-Solé et al. Barcelona: Hispam, 1973. 223-38.

———, "El emblema *in temerarios* en Calderón." *Estudios sobre el Siglo de Oro en homenaje a Raymond A. McCurdy*. Eds. Tamara Holzaffel y Alfred Rodríguez. Madrid: Cátedra, 1983. 193-204.

Weinberg, Kurt. "The Lady and the Unicorn, or M. de Nemours à Coulommiers: Enigma, Device, Blazon and Emblema in *La Princesse de Clèves*." *Euphorion* 71 (1977): 306-335.

Young, Alan R. *The English Tournament Impresse*. New York: AMS, 1988.